Gesundheitsökonomische Beiträge

Herausgeber:
Univ.-Prof. Dr. Gérard Gäfgen (Konstanz)
Univ.-Prof. Dr. Peter Oberender (Bayreuth)

Band 28

Eckhard Knappe (Hrsg.)

Reformstrategie »Managed Care«

Nomos Verlagsgesellschaft
Baden-Baden

Die Deutsche Bibliothek – CIP-Einheitsaufnahme

Reformstrategie »Managed Care« / Eckhard Knappe (Hrsg.) – 1. Aufl. – Baden-Baden : Nomos Verl.-Ges., 1997
(Gesundheitsökonomische Beiträge ; Bd. 28)
ISBN 3-7890-4992-1

1. Auflage 1997

Vorwort

Mit dem Gesundheitsstrukturgesetz (GSG) von 1992 wurden die Weichen für einen das Solidarprinzip wahrenden Kassenwettbewerb im Gesundheitswesen gestellt. Damit dieser Wettbewerb seine effizienzsteigernden Wirkungen entfalten kann, müssen den Kassen die notwendigen Gestaltungsinstrumente an die Hand gegeben werden. Erforderlich sind größere Freiräume für die Gestaltung des Versicherungsvertrages, vor allem aber für die Vertragsgestaltung zwischen Krankenkassen und Leistungserbringern, damit die verhaltenssteuernde Wirkung des Kassenwettbewerbs auch auf die Leistungserbringer durchschlägt.

Der Ausschuß für Gesundheitsökonomie im Verein für Socialpolitik hat sich auf seiner Jahrestagung 1996 in Trier mit diesem Fragenkomplex, der gemeinhin unter dem Stichwort „Managed Care“ diskutiert wird, beschäftigt.

Die VIII. Jahrestagung des Ausschusses für Gesundheitsökonomie fand vom 17.-19. Oktober 1996 an der Universität Trier statt. Sie stand unter dem Generalthema "Managed Care".

Eröffnet wurde die Jahrestagung mit einem Grundsatzreferat von *Peter Oberender* und *Thomas Ecker* (Bayreuth): "*'Managed Care' und Wettbewerb im Gesundheitswesen, Voraussetzungen und Möglichkeiten*" (Koreferat *Eberhard Wille,* Mannheim). Kerngedanke aller 'Managed Care'-Konzeptionen ist die Freiheit, zwischen Krankenversicherungen und einzelnen Leistungserbringern (Leistungserbringergruppierungen) Verträge abzuschließen ("selektives Kontrahieren"). In einem solchen Fall wird insbesondere von den Leistungserbringern befürchtet, daß ihnen die übermächtige Kassenseite unfaire Vertragsbedingungen aufzwingen kann. In den individuellen Verträgen werden zentrale Bedingungen der Leistungserbringung, wie z.B. das Honorierungsverfahren (Fallpauschalen, Kopfpauschalen etc.), Qualitätsnormen (z.B. Richtlinien, Festlegung von Behandlungszielen) sowie Vorstrukturierungen des Leistungsangebotes (Primärarztsystem, Prävention etc.) festgelegt. Die Folge derartiger Vertragsinhalte sind unterschiedliche Anreize für Krankenversicherungen, Versicherte und Leistungserbringer. Werden derartige 'Managed Care'-Organisationen in das deutsche Krankenversicherungssystem eingebaut, so ergeben sich für alle Beteiligten (Krankenversicherung, Versicherte und Leistungserbringer) sowohl neue Chancen und Risiken. Es ist daher wichtig, daß 'Managed Care'-Organisationen nicht auf administrativem Wege vorgeschrieben, sondern im Wettbewerb zugelassen werden. Nur dann ist gewährleistet, daß Versicherte, die sich aus den neuen Vertragsformen Vorteile ausrechnen können, für diese optieren, während Versicherte, die Nachteile vermuten, die derzeit gegebenen Vertragsbedingungen beibehalten können.

Jürg H. Sommer (Basel) (Koreferat *Engelbert Theurl*, Innsbruck) berichtete über "*'Managed Care': Erste Erfahrungen in der Schweiz*". Seit Beginn der 80er Jahre wird in der Schweiz vornehmlich von Ökonomen über neue Versicherungsformen (insbesondere über Health Maintenance Organization - HMO) diskutiert. Anfang der 90er Jahre wurde dann die erste HMO in Zürich gegründet, der weitere ähnliche Organisationen folgten. Versicherten wird durch diese HMOs ein breites Spektrum von Gesundheitsleistungen angeboten. Außer in Notfällen sind die Versicherten verpflichtet, sich in diesen Zentren behandeln zu lassen. Für die Einschränkung der Arztwahlfreiheit wird ihnen eine ca. 15-20% niedrigere Prämie geboten und im Normalfall auch die Kostenbeteiligung erlassen, so daß sich insgesamt ein Prämienvorteil von rund 30-35% im Vergleich zur konventionellen Krankenversicherung ergibt. Die Erfahrungen der Schweiz zeigen, daß trotz der Kostengünstigkeit die gegründeten HMOs offensichtlich rentabel arbeiten und das, obwohl auch in der Schweiz bei der Zulassung solcher 'Managed Care'-Angebotsformen eine Reihe von Auflagen bestehen bleiben. Trotz der ca. 30-35%igen Vorteile nahmen die Versicherten in der Schweiz die HMO-Angebote nur relativ zögernd an. Es dauert offensichtlich eine geraume Zeit, bis die Versicherten auf derartige neue Angebotsformen und Prämienvorteile reagieren und ihre gewohnheitsmäßige Bindung an das alte Kassensystem und ihr mißtrauisches Abwarten gegenüber neuen Angebotsformen überwinden.

Im dritten Referat beschäftigten sich *Josef M.E. Leiter* und *Christian Thielscher* (München) mit "*'Managed Care': Erfahrungen aus den USA für Deutschland*". Im direkten Vergleich mit den USA zeigen sie, daß das deutsche System offensichtlich auch heute noch eine Reihe klarer Vorteile aufweist. Zu nennen sind hier der relativ moderate Anstieg der Gesundheitsausgaben in Deutschland (im Vergleich zu den USA), die im Durchschnitt niedrigeren Jahresgehälter deutscher Ärzte etc. Bei steigender Arbeitslosigkeit, sinkender Lohnquote und sich veränderter Bevölkerungsstruktur (der Anteil der ausgabenintensiven älteren Jahrgänge nimmt im Zeitablauf zu) gerät das deutsche System jedoch zunehmend in finanzielle Bedrängnis. Erste Reaktionen der Politik auf diese Entwicklung (sektorale Budgetierung) brachten nur kurzfristige Erfolge mit sich. Deswegen ist es sinnvoll, sich mit längerfristig tragbaren Reformalternativen ('Managed Care'-Modellen) zu beschäftigen. Die Autoren demonstrieren die in der Tat beeindruckenden Erfolge von 'Managed Care' in den USA wie z.B. die stark rückläufige Preisentwicklung, rasch wachsende Marktanteile, Reduzierung überschüssiger Krankenhauskapazitäten etc. Die Gesundheitspolitik hat in Deutschland und in den USA unterschiedliche Schwerpunkte gesetzt: Zunehmende Regulierungen in Deutschland, Ausbau und Weiterentwicklung von Care Management in den USA. Die amerikanischen Erfahrungen zeigen insgesamt, daß sich Leistungsreserven im Gesundheitswesen durch erweiterte Handlungsfreiheit für Leistungserbringer und Versicherte erschließen lassen. Grundsätzlich empfehlen sie eine solche Ausrichtung der Gesundheitspolitik auch für Deutschland. Bisher sind hier jedoch erst Einzelmaßnahmen realisierbar. Um auch in Deutschland neue Strukturen und Systeme entstehen zu lassen, müssen die derzeitigen gesetzlichen Rahmenbedingungen erheblich gelockert werden.

Leonhard Männer (Göttingen), (Koreferat *Klaus-Dirke Henke*, Berlin) beschäftigt sich in seinem Beitrag "*'Managed Care'-Modelle für chronisch Kranke in der Gesetzlichen Krankenversicherung*" mit der geläufigen These, daß 'Managed Care'-Modelle (z.B. HMOs) einerseits Risikoselektion gegen Patienten mit hohem persönlichen Risiko betreiben, während andererseits 'Managed Care'-Modelle aus der Sicht von Patienten mit niedrigem persönlichen Risiko uninteressant sind. In einer modelltheoretischen Untersuchung weist Männer unter plausiblen und empirisch realistischen Annahmen nach, daß es am günstigsten ist, wenn gerade die Versicherten mit einem besonders hohen Ausgabenrisiko den 'Managed Care'-Modellen (freiwillig) beitreten, und wenn von der Anbieterseite sich besonders motivierte und risikobereite Ärzte zusammenfinden, die gerade diese Patientengruppe (freiwillig) akzeptieren. Der Grund liegt darin, daß bei besonders risikoreichen Patientengruppen eine HMO ein besonders hohes Kostensenkungspotential aktivieren kann. Damit jedoch 'Managed Care'-Modelle von Risikopatienten und Ärzten freiwillig akzeptiert werden, kommt es auf eine entsprechende "richtige" Preisgestaltung an. Dieser richtige Preis entspricht dabei einem risikoadäquaten Kopfbudget für die Vollversorgung von HMO-Patienten. Vollversorgung bedeutet dabei eine Versorgung mit eigenen, verordneten und veranlaßten Leistungen. Alle drei Leistungskomplexe muß die risikoadäquate Kopfpauschale abdecken.

Mit der Frage "*Wozu Evaluation im Gesundheitswesen?*" beschäftigt sich der Beitrag von *Friedrich Breyer* (Konstanz) und *Reiner Leidl* (Ulm) (Koreferat *Stefan Felder*, Zürich). Darin diskutieren die Autoren die wohlfahrtsökonomischen Implikationen des Einsatzes von Kosten-Effektivitäts-, Kosten-Nutzwert- sowie Kosten-Nutzen-Analysen. Grundsätzlich zeigt sich, daß Kosten-Nutzen-Analysen den höchsten theoretischen Anspruch in bezug auf die Beurteilungsgüte stellen, gleichzeitig aber am stärksten von der Heterogenität der Präferenzen und damit von Meßproblemen betroffen sind. Von entscheidender Bedeutung für die Gesamtbewertung bleibt jedoch die Gestaltung des Gesundheitswesens selbst. In einem durch Wettbewerb kontrollierten Gesundheitswesen, in dem bereits durch den Wettbewerb Anreize zu effizienter Leistungserbringung bestehen, erleichtern es die Evaluationsverfahren den Leistungserbringern, diese Anreize in die Realität umzusetzen. In einem staatlich-administrativ gesteuerten Gesundheitswesen stellen Evaluationsverfahren dagegen ein Mittel zur administrativen Lenkung der Leistungserbringer dar. Im zweiten Fall sind sie aus ökonomischer Sicht weitaus kritischer zu beurteilen.

Im Rahmen der Ausschußtagung fand außerdem eine *Podiumsdiskussion* "*Managed Care und Gesetzliche Krankenversicherung*" mit Vertretern der Krankenkassen, Herrn *Dieter Paffrath* (AOK-Bundesverband), Herrn *Herbert Rebscher* (VdAK und AEV), Herrn *Karl-Heinz Schönbach* (Bundesverband der Betriebskrankenkassen) sowie Herrn Ministerialdirektor *Manfred Zipperer* als Vertreter des BMG statt. Im Mittelpunkt der lebhaften und intensiven Diskussion standen die Entwürfe zum 1. und 2. GKV-Neuordnungsgesetz. Die Diskussion wurde durch kurze Statements eingeleitet, die im folgenden wiedergegeben sind.

Sowohl die Tagung als auch der Tagungsband wären (zumindest so) nicht ohne die großzügige Geld- und Realkapitalhilfe sowie den tatkräftigen Humankapitaleinsatz zahlreicher Helfer zustande gekommen. Für die großzügige Unterstützung bedanken wir uns bei dem Geschäftsführer der Caritas Trägergesellschaft Trier e.V. (CTT), Herrn Hans-Joachim Doerfert, und der Geschäftsführung des Mutterhauses der Borromäerinnen. Herr Dr. Lothar Funk ist kurzfristig mit einem Koreferat eingesprungen, Frau Dipl.-Vw. Ursula Rachold, Herr Dipl.-Vw. Frank-Peter Hopp, Herr Dr. Hans-Joachim Jobelius und Herr cand. rer. pol. Dominique Krause sowie Frau Christa Ludwig haben ihr Organisationstalent unter Beweis gestellt.

Trier, im Mai 1997 Eckhard Knappe

Inhaltsverzeichnis

Abkürzungsverzeichnis 10

Managed Care und Wettbewerb im Gesundheitswesen - Voraussetzungen und mögliche Auswirkungen
Peter Oberender und *Thomas Ecker*, Universität Bayreuth 11

Koreferat zu „Managed Care und Wettbewerb im Gesundheitswesen - Voraussetzungen und mögliche Auswirkungen“
Eberhard Wille, Universität Mannheim 30

„Managed Care“ - Erste Erfahrungen in der Schweiz
Jürg H. Sommer, Universität Basel 35

Koreferat zu „Managed Care“ - Erste Erfahrungen in der Schweiz
Engelbert Theurl, Universität Innsbruck 46

Managed Care - Ansätze zur Weiterentwicklung des deutschen Gesundheitswesens
Josef M. E. Leiter, *Hagen Loest* und *Christian Thielscher*, McKinsey & Company, Inc. 55

Kassenforum
Manfred Zipperer, Bundesminsterium für Gesundheit 79
Herbert Rebscher, Verband der Angestellten-Krankenkassen und Arbeiter-Ersatzkassen-Verband 81
Dieter Paffrath, Bundesverband der Allgemeinen Orts-Krankenkassen 84
Karl-Heinz Schönbach, Bundesverband der Betriebs-Krankenkassen 88

Managed-Care-Modelle für chronisch Kranke in der Gesetzlichen Krankenversicherung
Leonhard Männer, Universität Göttingen 93

Koreferat zu: „Managed Care-Modelle für chronisch Kranke in der Gesetzlichen Krankenversicherung
Klaus-Dirk Henke, TU Berlin 113

Wozu dient Evaluation im Gesundheitswesen?
Friedrich Breyer, Universität Konstanz und
Reiner Leidl, Universität Ulm 121

Koreferat zu "Wozu dient Evaluation im Gesundheitswesen?“
Stefan Felder, Universität Zürich 139

Abkürzungsverzeichnis

AEV	Arbeiter-Ersatzkassen-Verband
AOK	Allgemeine Ortskrankenkassen
BKK	Betriebskrankenkassen
BMG	Bundesministerium für Gesundheit
GKV	Gesetzliche Krankenversicherung
GRG	Gesundheitsreformgesetz
GSG	Gesundheitsstrukturgesetz
EK	Ersatzkassen
f.	folgende
ff.	fortfolgende
HMO	Health Maintenance Organization SOMMER
IGAK	Interessengemeinschaft für alternative Krankenversicherungsmodelle
IKK	Innungskrankenkassen
KV	Kassenärztliche Vereinigung
KVG	Krankenversicherungsgesetz (Bundesgesetz über die Krankenversicherung)
KVV	Krankenversicherungsverordnung (Verordnung über die Krankenversicherung)
NOG	GKV-Neuordnungsgesetze
o.V.	ohne Verfasser
PKV	Private Krankenversicherung
RSA	Risikostrukturausgleich
SGB V	Sozialgesetzbuch V
SVR-KAiG	Sachverständigenrat für die konzertierte Aktion im Gesundheitswesen
VdAK	Verband der Angestellten-Krankenkassen
vgl.	vergleiche
z.B.	zum Beispiel

„Managed Care“ und Wettbewerb im Gesundheitswesen - Voraussetzungen und mögliche Auswirkungen -

Peter Oberender und Thomas Ecker, Universität Bayreuth[1]

1 Einleitung und Problemstellung

Das Gesundheitswesen ist geprägt vom Fehlen pretialer Steuerungselemente. Es mangelt den Beteiligten im Gesundheitswesen an einem Preis- und Kostenbewußtsein, weil das *Handeln* unabhängig von der *finanziellen Haftung* erfolgt. Daraus resultiert ein *Verantwortungsvakuum*. Eine Rationalitätenfalle entsteht zwischen individueller und kollektiver Rationalität (Oberender/Hebborn, 1994, S. 60 ff.).

Aufgrund besonderer Rahmenbedingungen entstanden in den USA in den letzten Jahrzehnten neben den traditionellen Krankenversicherungen neue Versicherungsorganisationen, die versuchen, über direkte Verträge mit einzelnen Leistungserbringern auf das Verhalten dieser Leistungserbringer Einfluß zu nehmen und auf diese Weise kosten- und damit preisbewußtes Verhalten zu erreichen (vgl. Hildebrandt et al., 1995, S. 722 und Light, 1994, S. 1197). Die so herausgebildeten Organisationen werden als *Managed-Care-Organisationen* bezeichnet. Aufgrund der erwarteten Kosteneinsparungen haben diese Organisationen außerhalb der USA großes Interesse geweckt.

Kommt es dazu, daß einzelne Krankenversicherungen mit einzelnen Leistungserbringern Verträge abschließen können, dann liegt die Befürchtung nahe, daß die Krankenversicherungen ihre Nachfragemacht benutzen werden, um den Leistungserbringern „unfaire“ Vertragsbedingungen aufzuzwingen. Der entstehende Wettbewerb zwischen Krankenversicherungen und Leistungserbringern würde also zu*un*gunsten der zweiten Gruppe verlaufen. Soweit eine verbreitete These (beispielsweise May, 1995a, S. 270).

Diese These lenkt die Aufmerksamkeit auf die Frage nach den mit Managed Care verbundenen Auswirkungen. Ziel der vorliegenden Arbeit ist es, zum einen die *Voraussetzungen* für den wettbewerblichen Einsatz von Managed Care und zum anderen mögliche *Auswirkungen* auf den Wettbewerb aufzuzeigen.

Da Wettbewerb ein Resultat menschlichen Verhaltens bezeichnet, muß zunächst das der Untersuchung zugrundegelegte Menschenbild dargestellt werden (2. Abschnitt). Im 3. Abschnitt werden die Voraussetzungen für die Anwendung von Managed Care abgeleitet. Mögliche Auswirkungen von Managed Care auf den Wettbewerb zwischen Krankenversicherungen, Versicherte sowie Leistungserbringer werden dann im 4. Abschnitt diskutiert. Die sich ergebenden Schlußfolgerungen werden im 5. Abschnitt gezogen.

---

1 Die Autoren danken Prof. Dr. Eberhard Wille (Mannheim) und Dr. Frank Daumann (Bayreuth) für Anregungen.

2 *Menschenbild und Wettbewerbsmodell*

Wettbewerb ist das Resultat menschlichen Verhaltens. Bestimmungsgründe für das menschliche Verhalten lassen sich aus dem *Menschenbild* ableiten. Zwei maßgebliche Kennzeichen des Menschen sind für die Erklärung des Wettbewerbs von Bedeutung:

Erstens verfügen Individuen über unterschiedliche *geistige und körperliche Fähigkeiten* (vgl. Witt, 1987, S. 127 ff.). Das führt bei vermeintlich objektiv identischer Rahmenlage zu unterschiedlicher kognitiver Verarbeitung subjektiver Wahrnehmungen der Umwelt und zu individuell verschiedenartigen Handlungen.

Das zweite maßgebliche menschliche Charakteristikum ist das Streben nach *Verbesserung der eigenen materiellen Lebensbedingungen* (vgl. Smith, 1974, S. 282). In Verbindung mit den unterschiedlichen psychischen und physischen Merkmalen resultieren daraus individuell unterschiedliche Bedürfnisse, deren Befriedigung sich in individuell unterschiedlichem Verhalten niederschlägt.

Die für einen Produzenten verfügbaren Handlungsmöglichkeiten lassen sich als *Aktionsparameter* systematisieren. Der Einsatz von Aktionsparametern kann einen vorstoßenden oder nachstoßenden Charakter annehmen (vgl. Schumpeter, 1980, S. 134 ff.). Bei einer vorstoßenden Handlung kreiert der Produzent durch eine neue Kombination von Aktionsparametern neue Problemlösungen (*Innovation*), die ihm einen Vorsprung gegenüber seinen Mitkonkurrenten ermöglichen sollen. Die Reaktion der Anbieter vergleichbarer Güter wird bestimmt durch die subjektive Einschätzung der Erfolgsaussichten sich bietender Verhaltensalternativen. Unterschiedliche subjektive Einschätzungen haben dabei ein *heterogenes Angebot* zur Folge.

Konsumenten werden schließlich aus dem Angebot verschiedener Produzenten diejenigen Produkte auswählen, die ihren Bedürfnissen hinsichtlich der Produkteigenschaften am weitesten entsprechen. Damit sanktionieren Konsumenten das Verhalten von Anbietern.

Im Wettbewerbsprozeß setzen sich damit Produkte und Produkteigenschaften, die von Konsumenten bevorzugt werden, langfristig durch. Die Unterschiedlichkeit der Bedürfnisse der Konsumenten läßt dennoch für verschiedene Produktausprägungen Platz.

Damit das Handeln nicht zu Lasten unbeteiligter Personen geht, müssen die handelnden Personen die Verantwortung für ihr Handeln tragen. Wettbewerbliches Verhalten setzt somit voraus, daß Handlung und Haftung miteinander verbunden sind (*Grundsatz der Einheit von Handlung und Haftung*) (vgl. Eucken, 1975, S. 280 f.).

Diese kurzen Bemerkungen zum Menschenbild und zum Wettbewerbskonzept sollen genügen, um im folgenden die Auswirkungen von Managed Care ermitteln und beurteilen zu können.

3 *Definition, Voraussetzungen und Managed-Care-Instrumente*

Managed Care wird durch die Anwendung von Managed-Care-Instrumenten eingeführt. Ziel dieses Abschnitts ist es, die *Voraussetzungen* für einen (wettbewerblichen) Einsatz von Managed Care und die einzelnen Managed-Care-Instrumente zu systematisieren. Dazu muß zunächst der *Begriff* „Managed Care“ geklärt werden.

3.1 Definition und allgemeine Voraussetzungen

Es gibt eine Vielzahl von Definitionen für „Managed Care". Eine eindeutige und allgemeingültige Definition fehlt jedoch (vgl. Arnold et al., 1996, S. 8).[2] Allen als Managed Care bezeichneten Organisationen sind die Ziele gemein, die Leistungen im Gesundheitswesen möglichst wirtschaftlich zu erbringen und gleichzeitig die Qualität der Gesundheitsversorgung zu erhalten oder - wenn möglich - zu steigern.[3] Zu diesem Zweck beschäftigen Krankenversicherungen Leistungserbringer entweder selbst oder schließen mit ihnen *direkte Verträge* ab, in denen sie die Anwendung von Managed-Care-Instrumenten vereinbaren (*„selektives Kontrahieren"*) (vgl. Curtiss, 1989, S. 753).

Aus dieser knappen Begriffsklärung lassen sich schon erste *Voraussetzungen* ableiten, die zur Einführung von Managed Care erfüllt sein müssen: Managed Care entsteht durch Verträge zwischen Krankenversicherungen und Leistungserbringern. Diese Verträge können als Individual- oder als Gruppenverträge ausgestaltet sein. Daher müssen beide das Recht haben, miteinander bindende *Verträge* abschließen zu können.

Versicherte werden nur dann in einen Wechsel der Krankenversicherung einwilligen, wenn sie sich daraus persönliche Vorteile versprechen. Aus diesem Grund müssen Managed-Care-Organisationen die Möglichkeit haben, die erzielten Einsparungen den Versicherten zugute kommen zu lassen. Dazu müssen sie individuelle Verträge mit den Versicherten eingehen können, um entweder *Beitragsreduktionen* oder *Zusatzleistungen* zu gewähren. Zudem müssen die Versicherten zwischen den angebotenen Krankenversicherungen wählen können.

Leistungserbringern wiederum muß es möglich sein, nicht nur Verträge mit Krankenversicherungen eingehen zu können, sondern solche Verträge mit Krankenversicherungen bei Mißfallen auch *ablehnen* zu können. Um ihr Leistungsangebot Krankenversicherungen und Konsumenten bekannt zu machen, müssen sie für ihre Leistungen bei diesen werben können. Schließlich müssen auch sie das Recht haben, selbst *Krankenversicherungsleistungen* anzubieten.

Die unter diesen Voraussetzungen vereinbarten Vertragsinhalte zwischen Krankenversicherung und Leistungserbringern lassen sich als *Managed-Care-Instrumente* systematisieren und können einer der drei folgenden Kategorien zugeordnet werden: *Honorierungssystem*, *Qualitätssicherung* sowie *vorstrukturiertes Leistungsangebot* (vgl. Abbildung 1). Je nach Instrument sind dabei noch zusätzliche Voraussetzungen zu erfüllen.

---

2 Bedingt durch den großen Erfolg von Managed Care in den USA geriet die Bezeichnung bald zu einer aussagelosen Worthülse. Deshalb ist eine genauere Definition von Managed Care schwierig; vgl. Curtiss (1989, S. 742), Richner (1996, S. 13) und Reuter (1995, S. 11).

3 Vgl. Rodwin (1995, S. 604), Arnold (1995, S. 715), Ferrari/Grimes (1995, S. 79), Arnold et al. (1996, S. 8), May (1995b, S. 351), Neuffer (1997, S. 117f.), Rosleff/Lister (1995, S. 27) und o.V. (1996).

Abbildung 1: Systematik der Managed-Care-Instrumente

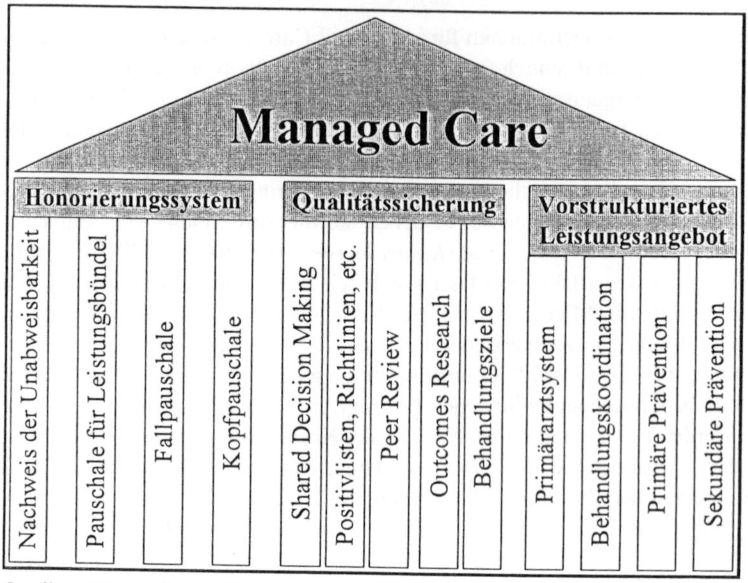

Quelle: Eigene Darstellung

3.2 Honorierungssystem

Maßnahmen aus der Kategorie des Honorierungssystems liegt die Beobachtung zugrunde, daß Ärzte aufgrund ihrer Doppelfunktion als Verordner und Erbringer medizinischer Leistungen die Nachfrage nach medizinischen Leistungen deutlich beeinflussen können (*Principal-Agent-Problematik*) (vgl. Breyer/Zweifel, 1997, S. 242 ff.). Bietet das Honorierungssystem dem Arzt die Möglichkeit, durch Verordnung zusätzlicher Leistungen seine materiellen Lebensbedingungen zu verbessern, dann ist eine „*angebotsinduzierte Nachfrage*“ als Folge zu erwarten (vgl. Breyer/Zweifel, 1997, S. 242 ff.). Deshalb müssen Beeinflussungen des ärztlichen Verhaltens am *Honorierungssystem* ansetzen (vgl. Schulenburg, 1981, S. 4).

Managed-Care-Organisationen können vom Arzt den Nachweis der Unabweisbarkeit einer gewährten Leistung fordern, oder ihm über eine pauschale Honorierung einen Anreiz zur Sparsamkeit geben. Zum Zweck der *pauschalen Honorierung* („Prospective Pricing“) werden Einzelleistungen zu *Leistungsbündeln* zusammengefaßt („Bundling of Services“), die dann als Berechnungsgrundlage für die Honorarvereinbarung dienen (vgl. Curtiss, 1989, S. 743). Leistungsbündel und *Fallpauschalen* gehen ineinander über. Bei letzteren vereinbaren der Leistungserbringer und die Krankenversicherung vor Behandlung des Patienten, wie hoch das Honorar für die Gesamtbehandlung (Behandlungsfall) aufgrund der gestellten Diagnose sein wird. Bei einer Honorierung nach *Kopfpauschalen* wird das Honorar eines Leistungserbringers pauschal für einen bestimmten Zeitraum berechnet, unabhängig von den in diesem Zeitraum notwendigen Behandlungen.

Wird ein Leistungserbringer mit einer Kopfpauschale honoriert, so wird er versuchen, „teure“ Patienten an andere Leistungserbringer zu überweisen, um so eine *Patientenselektion* durchzuführen. Dieses Verhalten läßt sich durch eine Behandlungsverpflichtung in Kombination mit einer Beteiligung an den Kosten für hinzugezogene Leistungserbringer verhindern (vgl. Curtiss, 1989, S. 744). Dafür müssen dem verordnenden Leistungserbringer die Kosten für einen niedergelassenen Spezialisten genauso vollständig zugerechnet werden können wie die Kosten für eine stationäre Behandlung. Das setzt eine *monistische Finanzierung* der Krankenhäuser voraus.

Außerdem birgt der im System der pauschalen Honorierung enthaltene Anreiz zur kostensparenden Leistungserbringung die Gefahr in sich, daß Leistungserbringer über eine *verminderte Leistungsqualität* Kosten einsparen. Damit Einsparungen nicht in dieser Weise zu Lasten des Versicherten gehen, muß der Leistungserbringer die *Haftung* für seine Behandlungsentscheidung übernehmen.

Die Änderung des Honorierungssystems ist somit an zwei Voraussetzungen gebunden: Erstens sind alle Leistungserbringer monistisch zu finanzieren. Zweitens muß die Einheit von Handlung und Haftung bei ärztlicher Behandlungsentscheidungen durchgesetzt sein.

3.3 *Qualitätssicherung*

Bei der zweiten Kategorie von Managed-Care-Instrumenten handelt es sich um Maßnahmen zur Qualitätssicherung. Diese lassen sich nach *Donabedian* (1980, S. 80 ff.) in Maßnahmen der *Strukturqualität*, *Prozeßqualität* und *Ergebnisqualität* unterteilen. Zur ersten Gruppe zählen die sachlichen, organisatorischen und persönlichen Voraussetzungen des Leistungserbringers. Diese müssen erfüllt sein, *bevor* die Managed-Care-Organisation einen Vertrag mit diesen Leistungserbringern eingehen wird.

Die Maßnahmen zur Sicherung der *Prozeßqualität* umfassen sämtliche Vorgaben zum Ablauf von Diagnostik, Therapie und Pflege. Hierzu zählt beispielsweise das *„Shared Decision Making“*. Danach werden organisatorische Regelungen getroffen, wann und inwieweit der behandelnde Arzt einen Teil seiner Entscheidungskompetenz an Patienten, Fachkollegen und an die Managed-Care-Organisation abgeben muß (vgl. Curtiss, 1989, S. 744). Bei riskanten Eingriffen und Leistungen, die nicht im Leistungskatalog enthalten sind, muß die Entscheidung beim Patienten liegen. Die Managed-Care-Organisation hingegen wird bei solchen Entscheidungen einbezogen, bei denen die Erstattung von Leistungen von einer vorherigen Genehmigung durch die Managed-Care-Organisation abhängt (*„Mandatory Use Review“*) (vgl. Curtiss, 1989, S. 743 f.).[4] Durch Vorgabe einer obligatorischen *Zweitdiagnose* durch einen unabhängigen Arzt wird schließlich ein Teil der Entscheidungskompetenz an Fachkollegen abgegeben (vgl. Curtiss, 1989, S. 744).

Zudem können *Positivlisten*, *klinischen Behandlungsrichtlinien* und *Standards* vorgegeben werden (vgl. Arnold, 1995, S. 717). Damit wird positiv definiert, wie sich der Arzt in bestimmten Situationen zu verhalten hat. Eine solche Einschränkung des ärztlichen Handlungsspielraums muß rechtlich zulässig sein. Speziell mit Hilfe von Behandlungsrichtlinien soll erreicht werden, daß bestimmte medizinisch wichtige Leistungen unabhängig von Wirtschaftlichkeitserwägungen erbracht werden.

---

4 Der Nachweis der Unabweisbarkeit einer Leistung ließe sich auch diesem Instrument zuordnen.

Die *Ergebnisdimension* der Qualitätssicherung umfaßt schließlich das Ausmaß der Realisierung der Leistungsziele. Hierzu werden Vorgaben in Form von *Behandlungszielen* gemacht (vgl. Curtiss, 1989, S. 744). Grundlage hierfür ist eine systematische Erfassung und Analyse der Ergebnisse von vergleichbaren Behandlungen („*Outcomes Research*") (vgl. Epstein/Sherwood, 1996, S. 832). Dazu müssen die entsprechenden datenschutzrechtlichen Voraussetzungen geschaffen werden. Outcomes Research kann darüber hinaus dem Arzt dazu dienen, systematische Informationen über seinen Behandlungserfolg zu gewinnen und so seine Behandlungsmethoden im Rahmen der Vorgaben durch die Managed-Care-Organisation und in Übereinstimmung mit seinem *Anreizsystem* zu optimieren.

Ein *Qualitätssicherungssystem* kommt dadurch zustande, daß die Einhaltung der Qualitätsvorgaben mittels eines *Soll-Ist-Vergleichs* überprüft und bei festgestellten Abweichungen über einen *Rückkopplungsmechanismus* Änderungen in der Behandlungsstruktur und im -prozeß veranlaßt werden.[5] Eine Maßnahme zum Soll-Ist-Vergleich ist der „*Peer Review*". „Peer Review" bezeichnet die gemeinsame Analyse der Behandlung eines Patienten durch Fachkollegen (vgl. Curtiss, 1989, S. 743).[6] Dabei werden besonders die Behandlungsdokumentation, die verwendeten Diagnoseverfahren, das Diagnoseergebnis sowie die eingesetzten Behandlungsressourcen und -methoden diskutiert (vgl. o.V., 1996, und Curtiss, 1989, S. 743).

Durch Maßnahmen der Qualitätssicherung wird die *Entscheidungsfreiheit* des Arztes im medizinischen Einzelfall eingeengt. Da diese Maßnahmen von der Versicherung vorgegeben werden, muß sich deren Verantwortung nach dem Grundsatz der Einheit von Handlung und Haftung entsprechend auf die Folgen dieser Vorgaben erstrecken.[7] Das wird besonders wichtig in Situationen, in denen die Managed-Care-Organisation dem Arzt Behandlungsprozeduren vorschreibt, die nicht dem Stand der medizinischen Wissenschaft entsprechen.[8]

Drei Voraussetzungen müssen also erfüllt sein, damit Qualitätssicherungsmaßnahmen möglich sind:

- Einschränkungen der Therapiefreiheit müssen zulässig sein.
- Damit verbunden muß die Verantwortung für die Behandlungsfolgen vom Leistungserbringer auf die Managed-Care-Organisation übergehen, wenn der Arzt diese Norm korrekt anwendet.
- Die Sammlung und Auswertung von Behandlungsdaten durch die Managed-Care-Organisation muß rechtlich erlaubt sein.

---

5 Zur Struktur von Qualitätssicherungssystemen in der medizinischen Versorgung: Vgl. Oberender/Daumann (1997, S. 215 ff.).

6 Hierbei sind deutliche Parallelen zum Instrument der Qualitätszirkel festzustellen, die in anderen Branchen angewendet werden.

7 Anders die gegenwärtige Situation in den USA, wo der Arzt teilweise auch für jene Handlungen verantwortlich ist, die ihm so von der Managed-Care-Organisation vorgeschrieben werden; vgl. „Wickline v State of California", zitiert in Burroughs (1994, S. 70).

8 Analog: Laufs (1993, S. 278 f.). Anders die Rechtslage in den USA, wo teilweise unklar ist, an wen mögliche Regreßforderungen zu richten sind (vgl. Lauterbach/Arnold, 1995, S. 257) und wann der Arzt generell haftet (vgl. Burroughs, 1994, S. 70).

3.4 *Vorstrukturiertes Leistungsangebot*

Durch die dritte Kategorie von Managed-Care-Instrumenten wird der Zugang zu medizinischen Leistungserbringern für Versicherte *vorstrukturiert*. Eine Maßnahme hierzu ist die Einrichtung eines *Primärarztsystems*. Dies heißt, daß der Zugang zum medizinischen Versorgungssystem - mit Ausnahme von Unfällen - nur über einen vorher vom Versicherten bestimmten (Allgemein-) Mediziner möglich ist („Gatekeeper") (vgl. Arnold et al., 1996, S. 9). Dieser Primärarzt wird durch die Managed-Care-Organisation mittels monetärer Anreize veranlaßt, möglichst wenig Überweisungen zu Spezialisten und Einweisungen in stationäre Behandlung vorzunehmen.

Voraussetzung für die Einführung einer Zugangskontrolle ist die Möglichkeit, das Recht des Versicherten auf eine *freie Arztwahl* beschränken zu können. Diese Beschränkung findet in zweifacher Weise statt: Erstens kann der Versicherte nur durch eine Überweisung vom Primärarzt eine Behandlung durch einen Spezialisten erhalten. Zweitens besteht die Möglichkeit, daß der Primärarzt zusätzlich den Spezialisten auswählt, den der Versicherte aufzusuchen hat.

Als weitere Maßnahme wird ein *Case Manager* (Disease Manager) bestimmt. Dieser legt fest, welche Leistungserbringer wann womit beauftragt werden und koordiniert die verschiedenen Versorgungsschritte für den Patienten (vgl. Arnold et al., 1996, S. 9). Das Case Management wird häufig beim Primärarzt angesiedelt, da dieser über einen besonders engen Kontakt zum Patienten verfügt.

Um ein Case Management durchführen zu können, müssen dem Case Manager die bisherige *Kranken- und Behandlungsgeschichte* des Patienten genauso bekannt sein wie entsprechende Vergleichsdaten (vgl. Glaeske/Stillfried, 1996, S. 49). Dazu sind die *datenschutzrechtlichen Voraussetzungen* zu schaffen. Ferner müssen die daraus abgeleiteten Behandlungspläne für alle betroffenen Leistungserbringer verbindlich sein. Der Case Manager muß also die *Therapiefreiheit* der hinzugezogenen Leistungserbringer einschränken können (vgl. Glaeske/Stillfried, 1996, S. 49 und Reuter, 1995, S. 11).[9]

Im Rahmen des vorstrukturierten Leistungsangebots werden schließlich noch primäre und sekundäre *Präventionsmaßnahmen* eingesetzt. Gegenstand der *primären Prävention* ist die Förderung der Gesundheit und die Verhütung von Krankheiten (vgl. Brennecke/Schelp, 1993, S. 38 und Curtiss, 1989, S. 744). Dazu werden Präventionsprogramme aufgestellt, die als gesund vermutete Lebensstile durch Information und Aufklärung oder durch finanzielle Anreize fördern sollen („*Health Promotion*") (vgl. Curtiss, 1989, S. 744). Sollte dennoch eine Erkrankung auftreten, so ist es das Ziel der *sekundären Prävention*, Krankheiten möglichst frühzeitig zu erkennen, um so Behandlungen schneller einleiten zu können (vgl. Brennecke/Schelp, 1993, S. 42).

Viele Maßnahmen der Prävention sind mit einer einschneidenden *Änderung des persönlichen Lebensstils* verbunden (vgl. Krämer, 1989, S. 120). Voraussetzung für die Einführung von Präventionsmaßnahmen ist daher die Möglichkeit, Versicherte zu einer solchen Änderung ihres Lebensstils veranlassen und die Einhaltung dieser Vorgaben kontrollieren zu können.

Damit lassen sich vier Voraussetzungen für ein vorstrukturiertes Leistungsangebot zusammenfassen: Das Recht auf freie Arztwahl des Versicherten muß eingeschränkt

9 Reicht hierzu das Fachwissen des Case Managers nicht aus, so kann er Sachverständige mit der Kontrolle hinzugezogener Leistungserbringer beauftragen.

werden können, genauso wie der Handlungsspielraum hinzugezogener Leistungserbringer. Patientenspezifische Daten müssen gesammelt und verglichen werden können. Schließlich müssen Verhaltensauflagen für Versicherte erlassen und deren Einhaltung kontrolliert werden können.

4 Auswirkungen von Managed Care

Sind die genannten Voraussetzungen für den Einsatz der jeweiligen Managed-Care-Instrumente erfüllt, dann stellt sich die Frage nach den *Auswirkungen von Managed Care* für Krankenversicherungen, Versicherte sowie Leistungserbringer und deren Wettbewerbsbeziehungen.

4.1 Auswirkungen auf die Krankenversicherungen

Welche Auswirkungen hat der Einsatz von Managed-Care-Instrumenten für *Krankenversicherungen*? Von den Maßnahmen des Honorierungssystems dürfte der Nachweis der Unabweisbarkeit wegen der Subjektivität medizinischer Bedürfnisse keine Wirkung entfalten. Durch eine Honorierung mit Pauschalen wird das *Kostenrisiko* zumindest teilweise auf die Leistungserbringer übertragen. Zudem erhalten diese einen Anreiz, die Leistung möglichst wirtschaftlich zu erbringen (vgl. Curtiss, 1989, S. 743). Dabei besteht neben dem Problem der Patientenselektion zudem die *Gefahr einer Maximierung der Abrechnungseinheiten*. Diese Gefahr ist bei der Einzelleistungshonorierung sehr viel eher gegeben als bei einer Honorierung durch Kopfpauschalen, da sich im zweiten Fall die Zahl der betreuten Versicherten nur zu Lasten anderer Ärzte erhöhen läßt, wodurch ein Wettbewerb unter den Leistungserbringern um eine begrenzte Anzahl an Versicherten entsteht. Je umfassender die Abrechnungseinheit gewählt wird, desto schwieriger wird deshalb die Schaffung von zusätzlicher Nachfrage durch den einzelnen Leistungserbringer. Bei Kopfpauschalen übernehmen Leistungserbringer zudem das jeweilige *Versicherungsrisiko*. So wirken Kopfpauschalen - im Gegensatz zu anderen Pauschalen - möglichen Verlegenheitsbehandlungen entgegen, also Behandlungen, die diagnostisch kaum begründet werden können (vgl. Hildebrandt et al., 1995, S. 727).

Gelingt es der Krankenversicherung, eine Ausweitung der Abrechnungsgrundlage zu verhindern, so läßt sich mit diesem Instrument der Betrag der Leistungsausgaben reduzieren. Diese *Kosteneinsparung* erhöht den Residualgewinn, kann aber auch an die Versicherten über Beitragssenkungen weitergegeben werden, wodurch die Krankenversicherung einen Vorteil im *Preiswettbewerb* erlangt.

Maßnahmen zur Qualitätssicherung ermöglichen es der Krankenversicherung, die Qualität der Leistungserbringung zu beeinflussen, so daß sie ihren Versicherten gewisse *Mindeststandards* gewährleisten kann. Sowohl die Vorgabe von Positivlisten, klinischen Behandlungsrichtlinien und Standards führt zu einem erheblichen *Verwaltungsaufwand* für die Managed-Care-Organisation. Der Bedarf der Krankenversicherung an medizinischem *Personal* steigt, da solche Normen nur von medizinischen Fachleuten vorgegeben und kontrolliert werden können. Auch für ein „Shared Decision Making" und ein „Mandatory Use Review" sind medizinische *Fachleute* auf seiten der Krankenversicherung erforderlich. Eine obligatorische Zweitdiagnose erhöht zudem die Leistungsausgaben der Krankenversicherung. Schließlich muß die Managed-Care-Organisation auch die Datensammlung und -auswertung durchführen, die als Basis für die Vorgabe von Qualitätsnormen dient. Insgesamt entstehen durch die Vorgabe von Qualitätsnormen für die Managed-Care-Organisation ein erheblicher Verwaltungsmehraufwand und damit *Mehrkosten*, die sich in *steigenden* Versicherungsprämien auswirken. Gelingt es der Krankenversicherung, durch Qualitätssicherung ihren Versicherten eine höhere Behandlungsqualität zu garantieren, dann erringt sie damit einen Qualitätsvorsprung.

Durch die Vorstrukturierung des Leistungsangebots können Krankenversicherungen eine *zusätzliche* Hürde bei der Inanspruchnahme von Leistungen errichten, wodurch die Leistungsausgaben sinken. Hierbei besteht aber die Gefahr, daß Versicherte dies als *ungerechtfertigte* Einschränkung ansehen, woraus ein Wettbewerbsnachteil für die Versicherung resultieren kann. Auch lassen sich überflüssige Leistungen leichter identifizieren, wenn die Notwendigkeit der Behandlung durch einen Spezialisten vorher von einem Primärarzt überprüft wird. Infolge einer besseren Koordination der an einer Behandlung beteiligten Leistungserbringer wird der Behandlungsprozeß *effektiver* und *effizienter* gestaltet, weil unnötige Ausgaben für Doppeluntersuchungen, Überdiagnostik und Schnittstellenprobleme in den Übergängen des Behandlungsprozesses vermieden werden können (vgl. Hildebrandt/Domdey, 1996, S. 51). Diese Koordination kann die Managed-Care-Organisation durch Vorgabe von solchen Behandlungsstandards zusätzlich fördern, in denen schon die *Schnittstellen* zwischen den einzelnen Leistungserbringern festgelegt werden (vgl. Reuter, 1995, S. 11).

Die Wirkung von Präventionsmaßnahmen ist hingegen *umstritten*. Da solche Maßnahmen tendenziell lebensverlängernd wirken, steigen damit die Gesamtausgaben für die Behandlung dieser Personen („*Sisyphus-Syndrom*") (vgl. Breyer/Zweifel, 1997, S. 413 und Krämer, 1989, S. 99 f.), obwohl die Kosten der direkt verhinderten Krankheit über den *Präventionskosten* liegen. Bei der sekundären Prävention besteht zusätzlich die Gefahr falsch positiver und falsch negativer Diagnosen und, daraus folgend, *falscher* Behandlungsstrategien. Da Versicherte jedoch Präventionsmaßnahmen sui generis schätzen, stellen Präventionsmaßnahmen eine interessante *produktpolitische Differenzierung* der Krankenversicherung dar.

Welche Folgen ergeben sich daraus für den Wettbewerb zwischen Krankenversicherungen? Die Krankenversicherungen stehen untereinander im Wettbewerb um Versicherte. Ist die Zahl der Versicherten konstant, dann geht der Markterfolg einer Krankenversicherung immer zu *Lasten* anderer Versicherungen. In Abhängigkeit von ihrer subjektiven Wahrnehmung und ihrer unterschiedlichen kognitiven Verarbeitung werden die handelnden Personen in Krankenversicherungen zu unterschiedlichen Einschätzungen gelangen, woraus eine unterschiedliche Kombination von Managed-Care-Instrumenten und damit ein *heterogenes Versicherungsangebot* resultiert.

Wird Managed Care durch Verträge zwischen Krankenversicherung und einzelnen Leistungserbringern eingeführt, so stellt sich dabei die Frage, inwieweit durch Verträge *einer* Krankenversicherung nicht die Verträge *anderer* Krankenversicherungen mit Leistungserbringern unmöglich gemacht werden könnten und damit der Wettbewerb verhindert werden könnte (*Marktmachtproblem*). Hierfür würden sich *Ausschließlichkeitsklauseln* (vgl. Heinze, 1988, S. 282 f.) anbieten, in denen eine Managed-Care-Organisation den mit ihnen vertraglichen verbundenen Leistungserbringern einen Vertragsabschluß mit weiteren Managed-Care-Organisationen verbieten könnte. Auf diese Weise könnte die Managed-Care-Organisation anderen Versicherungen den Markteintritt erschweren, da medizinische *Dienstleistungen* zumeist die Anwesenheit des Patienten erfordern und daher der *relevante räumliche Markt* für einen medizinischen Leistungserbringer relativ klein ist. Sofern es marktmächtigen Managed-Care-Organisationen aber nicht gelingt, den Markteintritt zukünftiger Leistungserbringer oder die Substitution medizinischer Leistungen vollkommen auszuschließen, ist der Wettbewerb zwischen Krankenversicherungen auch nicht gefährdet.

Zusammenfassend ist damit festzustellen, daß Krankenversicherungen durch den Einsatz von Managed-Care-Instrumenten verschiedene Wettbewerbsvorteile erzielen können. Da die handelnden Personen die Bedürfnisse der Versicherten unterschiedlich einschätzen, ist ein heterogener Einsatz von Managed-Care-Instrumenten die Folge. Eine Wettbewerbsbeschränkung durch marktmächtige Krankenversicherungen ist nicht zu befürchten.

4.2 Auswirkungen auf die Versicherten

Welche Auswirkungen ergeben sich für die *Versicherten* aus dem Einsatz der einzelnen Managed-Care-Instrumente? Die pauschale Honorierung hat zur Folge, daß der Leistungserbringer versucht, die Kosten der Leistungserbringung zu senken. Im Gegenzug kann sich für den Versicherten die *Versicherungsprämie* erheblich ermäßigen, wenn die Managed-Care-Organisation die Ersparnisse infolge einer Änderung der Honorierungssystems weitergibt.[10]

Maßnahmen zur Qualitätssicherung erlauben die Gewährleistung eines bestimmten *Qualitätsstandards* durch die Managed-Care-Organisation. Zugleich kann damit die *Qualitätstransparenz* steigen, so daß Versicherten der Vergleich von Qualitätsangeboten unterschiedlicher Versicherungen möglich wird. Unter dieser Voraussetzung kann der Versicherte jene *Kombination* aus Qualitätsniveau und Versicherungsprämie wählen, die seinen Präferenzen entspricht. Zudem hat er die Gewißheit, daß die Leistungserbringer regelmäßig von der Managed-Care-Organisation auf ihre Behandlungsqualität hin *überprüft* werden.

Das vorstrukturierte Leistungsangebot engt den Versicherten in seiner *Freiheit der Arztwahl* ein.[11] Zudem wirkt es abschreckend auf Versicherte, daß sie ihren Behandlungswunsch begründen und prüfen lassen müssen. Daneben besteht die Gefahr, daß die Zugangskontrolle des Primärarztes zu einer *Blockade* „verkommen" kann, wenn der Arzt für die Kosten von hinzugezogenen Leistungserbringern aufkommen muß (vgl. Arnold, 1995, S. 717). Diese Gefahr wird jedoch dadurch relativiert, daß der Primärarzt *zivil-, standes- und strafrechtlich* für seine Behandlungsentscheidung verantwortlich gemacht werden kann. Zudem kann sich der Versicherte an die Managed-Care-Organisation als *Beschwerdeinstanz* wenden. Dennoch können vom Versicherten zusätzliche

---

10 Die Kosteneinsparungen von Managed-Care-Organisationen werden in den USA auf bis zu 40% der Summe aus Beitragssätzen und Selbstbehalt vergleichbarer Krankenversicherungen geschätzt (vgl. Hildebrandt et al., 1995, S. 726). Dabei ist jedoch zu berücksichtigen, daß Managed-Care-Organisationen zumeist gesündere Versicherte haben (vgl. Light, 1994, S. 1197).

11 So ist die Patientenzufriedenheit in Managed-Care-Organisationen geringer als in traditionellen Krankenversicherungen (vgl. Miller/Luft, 1994, S. 1516); anders: Hildebrandt et al. (1995, S. 730).

Qualitätssicherungsmaßnahmen aufgrund des vorstrukturierten Leistungsangebots gewünscht werden.

Das Primärarztsystem verpflichtet aber nicht nur Versicherte, einen Primärarzt zur Behandlung aufzusuchen, umgekehrt muß auch der Primärarzt dem Wunsch des Versicherten auf Behandlung nachkommen (auch wenn der Arzt dann über die Art der Behandlung selber entscheidet). Damit erhält der Versicherte einen *Ansprechpartner*, der für alle Fragen im Zusammenhang mit seiner Gesundheit *verantwortlich* ist. Durch diese feste Bindung kennt der Primärarzt die *Krankengeschichte* des Patienten besser und kann sie bei der Behandlung entsprechend berücksichtigen (vgl. Arnold, 1995, S. 717).

Eine Behandlungskoordination ist dazu geeignet, die Qualität der ärztlichen Behandlung zu fördern, da *Wechselwirkungen zwischen einzelnen Behandlungsschritten* gezielt berücksichtigt werden können. Die bessere Abstimmung der beteiligten Leistungserbringer fördert zudem den medizinischen Heilerfolg und verringert unangenehme Wartezeiten. Durch Maßnahmen der primären Prävention wird schließlich die Gesundheit des Versicherten gefördert, während mit einer sekundären Prävention eine mögliche Gesundheitsgefährdung früher entdeckt werden kann. Deshalb haben Versicherte ein besonderes Interesse an Präventionsmaßnahmen, auch wenn diese aus Wirtschaftlichkeitserwägungen unbegründet sein mögen.

Welche Folgen ergeben sich daraus für das Verhältnis zu den Krankenversicherungen? Die größere *Auswahl an Aktionsparametern*, die einer Krankenversicherung durch Managed Care zur Verfügung steht, ermöglicht eine größere *Vielfalt an Versicherungsmodellen* und führt damit zu einer größeren Auswahl für den Versicherten. Auch Versicherungen *ohne* Managed-Care-Instrumente sind weiterhin möglich. Aus dieser Vielfalt an Versicherungsmodellen wird der Konsument sich diejenige Versicherung auswählen, die seinen Bedürfnissen am weitesten entspricht. Damit sanktioniert er das Anbieterverhalten. Da sich die Bedürfnisse der Versicherten unterscheiden, werden sie unterschiedliche Versicherungsangebote nachfragen. Damit bleibt im Wettbewerbsprozeß ein heterogenes Krankenversicherungsangebot erhalten.

Um zwischen Krankenversicherungen zu wechseln, benötigen die Versicherten eine gewisse *Markttransparenz*, damit verschiedene Krankenversicherungen identifiziert und ihre Angebote gegeneinander abgewogen werden können. Dieses Minimum kann durch die Komplexität des Gutes „Krankenversicherung" unterschritten werden. Zur Reduktion dieser Komplexität können sich jedoch Anbieter herausbilden, die regelmäßig das Angebot unterschiedlicher Krankenversicherungen vergleichen und über die bisherigen Erfahrungen von Versicherten mit einer bestimmten Krankenversicherung informieren (*Informationsmärkte*). Gegenstand eines solchen Vergleichs ist der unterschiedliche Einsatz von Managed-Care-Instrumenten innerhalb der Kategorien Honorierungssystem, Qualitätssicherung und vorstrukturiertes Leistungsangebot.

Ein Problem kann sich für die Versicherten dann ergeben, wenn Managed-Care-Organisationen oder mit Kopfpauschalen honorierte Ärzte eine *Selektion ihres Versichertengutes* über einen erschwerten *Zugang* zu bestimmten teuren Leistungen erreichen wollen. Der Anreiz hierzu ergibt sich aus der *ungleichen Verteilung* der Gesundheitsausgaben innerhalb der Bevölkerung.[12] Um eine Selektion auf diesem Weg zu ver-

12 So verbrauchen in den USA 5 % der Bevölkerung 58 % der Gesundheitsausgaben (vgl. Light, 1994, S. 1198). Der Vorwurf der Risikoselektion wird auch tatsächlich in den USA erhoben (vgl. Hildebrandt et al., 1995, S. 730).

hindern, ist es notwendig, neben einem *Katalog* an verpflichtenden *Regelleistungen*, zusätzlich vorzugeben, welche *materiellen Zugangsmöglichkeiten* für diese Leistungen bestehen müssen.[13]

Als Ergebnis dieses Abschnitts ist festzuhalten, daß für die Versicherten durch Managed Care die Auswahl an Krankenversicherungsalternativen zunimmt. Die damit einhergehende Marktintransparenz durch die zusätzliche Komplexität des Gutes Krankenversicherung kann über Informationsmärkte wirkungsvoll reduziert werden. Auch wenn die Beschränkung der freien Arztwahl infolge eines vorstrukturierten Leistungsangebots als unangenehm empfunden wird, so stellen Managed-Care-Organisationen wegen ihrer zum Teil deutlich geringeren Versicherungsprämie eine attraktive Krankenversicherungsalternative dar.

4.3 Auswirkungen auf die Leistungserbringer

Damit bleiben noch die Leistungserbringer. Welche Auswirkungen hat die Einführung von Managed Care für die Leistungserbringer? Willigt ein Leistungserbringer in eine Änderung des Honorierungssystems ein, so übernimmt er das *Kostenrisiko* oder - bei Kopfpauschalen - das *Versicherungsrisiko*. Je nachdem wie gut er diese Risiken beherrscht, können daraus Verbesserungen oder Verschlechterungen seiner materiellen Lebensbedingungen resultieren. Bei der Honorierung mit Kopfpauschalen besteht das Problem, daß die Versicherungen in diesem Fall das Versicherungsrisiko auf Leistungserbringer übertragen, deren Praxen häufig zu klein sind, um einen *versicherungsmathematischen Risikoausgleich* durchzuführen (Gesetz der großen Zahl). Zudem fehlen den Leistungserbringern die notwendigen *versicherungstechnischen Fähigkeiten*, um mit einem solchen Risiko optimal umzugehen.

Maßnahmen zur Qualitätssicherung haben eine *Einschränkung der Therapiefreiheit* zur Folge, wodurch das traditionelle ärztliche Selbstbild in Frage gestellt wird. Zudem entsteht ein erheblicher *Verwaltungsmehraufwand* für das in Managed-Care-Organisationen übliche Sammeln umfangreicher Daten für Kostenkontrollen, die Überwachung der Inanspruchnahme und die Erfassung von Behandlungseffekten („Outcomes Research"). Durch eine stärkere Überwachung der Qualität des ärztlichen Handelns besteht weiterhin die Gefahr, daß damit ein mögliches *Fehlverhalten dokumentiert* und somit Gegenstand von *Schadensersatzforderungen* werden kann. Ein grundsätzlicher Nachteil der Qualitätssicherung besteht darin, daß hier positiv vorgegeben wird, wie sich der Leistungserbringer zu verhalten hat. Dadurch wird der Leistungserbringer von *Innovationen abgeschreckt*, da diese als ein Abweichen von einer vorgegebenen Norm dem Rechtfertigungszwang unterliegt. Eine Zwischenstellung nimmt die Vorgabe von Behandlungszielen ein. Bei diesem Instrument gelingt es, die Idee der Qualitätssicherung mit einer Innovationsmöglichkeit zu verbinden.

Erheblich positiver ist dagegen aus Sicht der Leistungserbringer ein vorstrukturiertes Leistungsangebot zu beurteilen. Die Einführung eines Primärarztsystems ist die logische Folge der Beteiligung an den Kosten für hinzugezogene Leistungserbringer: Wenn ein

13 Solche Zugangsmöglichkeiten sind nur schwer zu definieren, wie schon die Frage zeigt, innerhalb welchen Zeitraums ein Arzt verpflichtet ist, seinem Patienten einen Termin anzubieten (vgl. Hildebrandt et al., 1995, S. 731).

Arzt die Kosten hierfür trägt, so muß er auch darüber bestimmen können, wann diese Leistungserbringer hinzugezogen werden. Zudem hat ein Leistungserbringer dadurch ein *geringeres wirtschaftliches Risiko*, sofern er sich erst einmal als Primärarzt etabliert hat, da die Versicherten im Krankheitsfall immer erst ihren Primärarzt aufsuchen müssen.

Darüber hinaus entsteht im Rahmen der Behandlungskoordination ein *neues Tätigkeitsfeld* für Leistungserbringer, in dem der Einfluß des verantwortlichen Arztes gegenüber seinen Kollegen wächst, da er mittels Überweisungen Leistungen bei ihnen nachfragt und deren Verhalten entsprechend kontrolliert. Die stärkere Bedeutung von *Behandlungsprozessen* bietet Ärzten weiterhin die Chance, sich intensiver an solchen Prozessen auszurichten und sich auf bestimmte Behandlungsprozesse zu spezialisieren. Diese Veränderung wird durch die Bemühungen zur Qualitätssicherung noch gefördert. So werden bei Vertragsabschluß nicht mehr nur die spezielle Handlung des Leistungserbringers im Vordergrund stehen, sondern auch ein erwartetes Behandlungsergebnis und damit eine bestimmte *Ergebnisqualität*.

Schließlich bietet die Prävention dem Leistungserbringer ein zusätzliches Tätigkeitsfeld. Die Einführung eines Primärarztsystems hat deshalb ein *verändertes Berufsbild* der Leistungserbringer zur Folge: Erfahrungen aus den USA zeigen, daß der Bedarf an Spezial- und Krankenhausärzten sinkt, weil erheblich mehr Leistungen durch Primärärzte erbracht werden, wozu diese durch die Beteiligung an den Kosten der hinzugezogenen Leistungserbringer einen materiellen Anreiz erhalten (vgl. Hildebrandt et al., 1995, S. 731).[14] Angesichts der Aufgabe der Behandlungskoordination wird zudem die Bedeutung von *Organisations- und Kommunikationsfähigkeiten* der Leistungserbringer steigen.

Welche Folgen ergeben sich daraus für den Wettbewerb mit Krankenversicherungen? Die größten Befürchtungen von Leistungserbringern in Zusammenhang mit Managed Care bestehen hinsichtlich der *asymmetrischen Machtverteilung* zwischen Krankenversicherung und Leistungserbringern (Marktmacht), die ein „Preisdiktat" durch Managed-Care-Organisationen ermöglichen könnte (vgl. Arnold, 1995, S. 717).[15] Ein solches Verhalten ist jedoch höchst *unwahrscheinlich*. Zwar konkurrieren Ärzte, Krankenhäuser und andere Leistungserbringer um Verträge mit Krankenversicherungen. Gleichzeitig stehen diese Krankenversicherungen aber auch miteinander im Wettbewerb um Versicherte als Kunden. Für ihr Versicherungsangebot sind Managed-Care-Organisationen auf *Verträge mit Leistungserbringern* angewiesen. An dieser Abhängigkeit können Leistungserbringer ansetzen, indem sie für sie ungünstige Verträge mit Managed-Care-Organisationen nicht eingehen und statt dessen Verträge mit anderen Managed-Care-Organisationen abschließen oder ausschließlich traditionell Versicherte und Selbstzahler

---

14 Nach der Meta-Analyse von Miller/Luft werden Versicherte von Managed-Care-Organisationen seltener in Krankenhäuser eingewiesen und verbringen auch weniger Tage im Krankenhaus. Niedergelassene Ärzte werden entweder häufiger oder zumindest gleich oft aufgesucht (vgl. Miller/Luft, 1994, S. 1514). Ähnlich: Curtiss (1989, S. 757).

15 Diese Befürchtung ist im übrigen nicht vereinbar mit der These, Managed-Care-Organisationen könnten durch Ausschließlichkeitsklauseln den Markteintritt weiterer Managed-Care-Organisationen in einen bestimmten Teilmarkt verhindern. Solche Ausschließlichkeitsklauseln haben nur dann die gewünschte Wirkung, wenn nicht noch ungebundene Leistungserbringer zur Verfügung stehen, also die Anzahl der insgesamt vorhandenen Leistungserbringer gering ist.

behandeln.[16] Zudem können sie versuchen, ihre Patienten als „Verbündete" im Wettbewerb mit den Krankenversicherungen zu gewinnen.

Die Drohung von Leistungserbringern, von einer Managed-Care-Organisation zu einer anderen zu wechseln, ist nicht zu unterschätzen, da die *Versicherten* häufig eine sehr viel engere *Bindung* an bestimmte Leistungserbringer, insbesondere Primärärzte, haben als an ihre Managed-Care-Organisation. Das hat zur Folge, daß Leistungserbringer bei einem Wechsel der Managed-Care-Organisation einen Teil ihrer Patienten als Kunden für die neue Managed-Care-Organisation *mitbringen* können (vgl. Ferrari/Grimes, 1995, S. 81).

Schließlich steht den Leistungserbringern noch die Möglichkeit offen, sich ihrerseits zu größeren Unternehmen *zusammenzuschließen* und große *Gruppenpraxen* oder *Krankenhausnetzwerke* zu bilden (vgl. Ferrari/Grimes, 1995, S. 82 f.).[17] In der Folge dürfte die Verhandlungsmacht dieser Ärztegruppe gegenüber der Managed-Care-Organisation steigen. Der Zusammenschluß zu größeren Unternehmenseinheiten ist auch noch aus anderen Überlegungen interessant. So können große Gruppenpraxen ein *professionelles Praxismanagement* einstellen, das sich ausschließlich auf die betriebswirtschaftliche Leitung der Gruppenpraxis konzentriert (vgl. Ferrari/Grimes, 1995, S. 82 und Pieper, 1996). Zudem können sie im Fall der Honorierung mit Kopfpauschalen das Versicherungsrisiko sehr viel leichter ausgleichen (vgl. Ferrari/Grimes, 1995, S. 82). Je stärker Leistungserbringer am Versicherungsrisiko beteiligt werden, und je mehr die zu großen Gruppenpraxen zusammengeschlossenen Leistungserbringer erkennen, daß sie das Versicherungsrisiko in einer solchen Gruppenpraxis recht erfolgreich selber managen können, steigt auch die Neigung, unter Umgehung von Managed-Care-Organisationen direkt mit Konsumenten Versicherungsverträge abzuschließen.[18] Damit besteht die Gefahr, daß Leistungserbringer im Falle schlechter Vertragskonditionen zu direkten *Konkurrenten der Krankenversicherungen* werden. Ein „Preisdiktat" durch Managed-Care-Organisationen ist vor diesem Hintergrund nicht zu befürchten.

Als Ergebnis ist festzuhalten, daß die Einführung von Managed-Care-Instrumenten den Leistungserbringern vielfältige Gelegenheiten zur Spezialisierung bietet und damit auch neue Tätigkeitsfelder eröffnet. Kommen Leistungserbringer hingegen zu der Einschätzung, daß die negativen Auswirkungen von Managed Care überwiegen, so sind sie nicht dazu gezwungen, daran gegen ihren Willen teilzunehmen. Die Befürchtung einer Ausbeutung der Leistungserbringer ist deshalb unbegründet.

5 Schlußfolgerung

Gesundheitssysteme mit getrennter Krankenversicherung und Leistungserbringung leiden an vielfältigen Steuerungsproblemen. Zur Lösung dieser Probleme werden Ver-

16 Einzig wenn bei einer bestimmten Gruppe an Leistungserbringern eine Überkapazität besteht, haben Managed-Care-Organisationen eine deutlich bessere Verhandlungsposition (vgl. Curtiss, 1989, S. 744 f.).

17 Eine Form dieses Zusammenschlusses sind in den USA „Patient Management Organisations" (vgl. Pieper, 1996)

18 Für ein Beispiel vgl. Ferrari/Grimes (1995, S. 83).

tragsformen vorgeschlagen, die sich unter dem Begriff „Managed Care“ zusammenfassen lassen.

Sind Managed-Care-Organisationen im bisherigen Krankenversicherungsrecht nicht vorgesehen, so müssen als Voraussetzung für deren Anwendung die rechtlichen *Rahmenbedingungen* im Leistungsrecht, im Versicherungsrecht, im Haftungsrecht und beim Datenschutz geschaffen werden. Die Einführung von Managed-Care-Instrumenten bietet dann für alle Beteiligten (Krankenversicherungen, Versicherte und Leistungserbringer) sowohl *Chancen* als auch *Risiken*. Da die Einführung auf der freiwilligen Entscheidung der Beteiligten beruht, werden nur jene teilnehmen, die sich nach dem zugrundegelegten Menschenbild von Managed Care eine Verbesserung ihrer materiellen Lebensumstände erwarten. Diese werden in Managed Care einen individuellen Vorteil sehen. Andere hingegen, die jene Instrumente ablehnen, können und werden im traditionellen Versicherungssystem verbleiben, woraus ihnen keine persönlichen Nachteile erwachsen. Damit wird deutlich, daß Managed Care den Wettbewerb im Gesundheitswesen durch *zusätzliche Aktionsparameter* erweitert, ohne zugleich auf jene, die Managed Care ablehnend gegenüberstehen, einen *persönlichen Zwang* auszuüben.

Tabelle 1: Wichtige Auswirkungen der Managed-Care-Instrumente

	Krankenversicherung	Versicherte	Leistungserbringer
Honorierungssystem	Chancen: • Verringerung der angebotsinduzierten Nachfrage • Kostensenkung bei gleichbleibenden Einnahmen	Chancen: • Prämiensenkung durch Kosteneinsparungen möglich • Wegfall unnötiger Eingriffe (Angebotsinduzierte Nachfrage)	Chancen: • Gewinne durch Patientenselektion • Umgehung von Versicherungen durch Übernahme der Versicherungsfunktion
	Risiken: • Teilweise Übertragung von Kosten- oder Versicherungsrisiko auf Leistungserbringer • Patientenselektion durch Ärzte • Maximierung der Abrechnungseinheiten durch Ärzte • sinkende Behandlungsqualität	Risiken: • Verschlechterung der Behandlungsqualität • Risikoselektion durch Krankenversicherung bzw. Ärzte	Risiken: • Zusätzliches Kosten- bzw. Versicherungsrisiko

	Krankenversicherung	Versicherte	Leistungserbringer
Qualitätssicherung	Chancen: • Gewährleistung von Qualitätsstandards (erweitertes Versicherungsangebot)	Chancen: • Garantierte Mindestqualität • Steigende Qualitätstransparenz • Verschiedene Prämien- / Qualitätskombinationen wählbar • Zusätzliche Qualitätskontrolle der Leistungserbringer durch die Krankenversicherung	Chancen: • Teilweiser Haftungsübergang auf Krankenversicherung
	Risiken: • Bedarf an medizinischem Know-how • Verwaltungsmehraufwand • Qualitätsbemühungen werden von den Versicherten nicht honoriert (sinkender Grenzertrag von Qualitätssicherungsmaßnahmen)	Risiken: • Innovations- und Risikobereitschaft der Leistungserbringer sinkt	Risiken: • Einschränkung der Therapiefreiheit • Verwaltungsmehraufwand • Nachweismöglichkeit von Behandlungsfehlern • Innovationsabschreckung
Vorstrukturiertes Leistungsangebot	Chancen: • Notwendigkeit von Behandlungen durch Spezialisten wird zusätzlich überprüft • Optimierung des Behandlungsprozesses • Prävention als zusätzliche Versicherungsleistung	Chancen: • Einheitlicher Ansprechpartner • Bessere Behandlungskoordination durch eindeutige Verantwortlichkeiten • Prävention als Gesundheitsverbesserung	Chancen: • Umsatz- "garantie"; Schlüsselstellung des Behandlungskoordinators; verändertes Berufsbild; neue Tätigkeitsfelder
	Risiken: • negative Bewertung des Primärarztsystems durch den Versicherten	Risiken: • Beschränkung der freien Arztwahl	Risiken: • Einschränkung der Therapiefreiheit durch stärkere Arbeitsteilung

Quelle: Eigene Darstellung

Literaturverzeichnis

Arnold, Michael, „Überlegungen zu Managed Care - Modeerscheinung oder Problemlösungsansatz“, *Die Pharmazeutische Industrie* 57 (1995), S. 714-719.

Arnold, Michael et al., „Managed Care: Prinzipien, Effekte, Grenzen“, *führen&wirtschaften* 13 (1996), Nr. 1, S. 8-12.

Brennecke, Ralph/Schelp, Frank P., *Sozialmedizin*, Stuttgart 1993.

Breyer, Friedrich/Zweifel, Peter, *Gesundheitsökonomie*, 2. Auflage, Berlin u.a. 1997.

Burroughs, Charles E., „The use of practice guidelines in Wisconsin for liability protection“, *Wisconsin Medical Journal* 93 (1994), Nr. 2, S. 69-75.

Curtiss, Frederic R., „Managed health care“, *American Journal of Hospital Pharmacy* 46 (1989), S. 742-763.

Donabedian, A., *Exploration in Quality Assessment and Monitoring. The Definition of Quality and Approaches to its Assessment and Monitoring*, Vol. I, Ann Arbor 1980.

Ehlers, Alexander P.F./Leutloff-Simons, Ute H., „Reformmodelle des deutschen Gesundheitssystems in der Übersicht“, *Recht und Politik im Gesundheitswesen* 1 (1995), Nr. 2, S. 63-77.

Epstein, Robert S./Sherwood, Louis M., „From Outcomes Research to Disease Management: A Guide for the Perplexed“, *Annals of Internal Medicine* 124 (1996), S. 832-837.

Eucken, Walter, *Grundsätze der Wirtschaftspolitik*, Tübingen 1975.

Ferrari, Bernard T./Grimes, Scott, „Will HMOs pass their physical?“, *McKinsey Quarterly* (1995), Nr. 3, S. 78-89.

Glaeske, Gerd/Stillfried, Dominik Graf von, „Einleitende Bemerkungen zum Thema Disease Management - Möglichkeiten und Grenzen aus Sicht der GKV“, *Die Ersatzkasse* 76 (1996), Nr. 2, S. 49.

Heinze, Meinhard, „Rechtliche Möglichkeiten und Grenzen von HMOs und ähnlichen Organisationsformen in der stationären Versorgung sowie bei Heil- und Hilfsmitteln“, in: Hauser, Heinz/Schulenburg, Johann-Matthias Graf von der (Hrsg.), *Health maintenance organizations: Eine Reformkonzeption für die GKV in Deutschland?*, Gerlingen 1988, S. 273-294.

Hildebrandt, Helmut et al., „Health Maintenance Organizations in den USA: Eine Einführung“, *Die Betriebskrankenkasse* 83 (1995), S. 722-732.

Hildebrandt, Helmut/Domdey, Andreas, „Disease Management. Effizienzsteigerung - Verbesserung der Qualität der Gesundheitsversorgung - Reorganisation der Behandlungsabläufe“, *Die Ersatzkasse* 76 (1996), Nr. 2, S. 50-54.

Krämer, Walter, *Die Krankheit des Gesundheitswesens. Die Fortschrittsfalle der modernen Medizin*, Frankfurt am Main 1989.

Laufs, Adolf, *Arztrecht*, 5. Auflage, München 1993.

Lauterbach, Karl W./Arnold, Michael, „‘Managed Care’: eine Lösung der Probleme im Gesundheitswesen Deutschlands?“, *Das Krankenhaus* 87 (1995), S. 254-259.

Light, Donald W., „Managed care: false and real solutions“, *The Lancet* 344 (1994), S. 1197-1199.

May, Otto, „Einzelunternehmer konfrontiert mit dem Nachfragemonopol der Krankenkassen. Konsequenzen aus der Veränderung der Nachfrager“, *Die Pharmazeutische Industrie* 57 (1995a), S. 269-273.

May, Otto, „Kostensenkung mit Managed Care?“, *Die Pharmazeutische Industrie* 57 (1995b), S. 350-355.

Miller, Robert H./Luft, Harold S., „Managed Care Plan Performance Since 1980 - A Literature Analysis“, *Journal of the American Medical Association* 271 (1994), S. 1512-1519.

Neuffer, Andreas B., *Manged Care. Umsetzbarkeit des Konzepts im deutschen Gesundheitwesen*. Bayreuth 1997.

o.V., „Managed Care Glossary“, in: *Texas Medical Association* (1996), http://www.bct.tmc.edu/ama-mss/glossary.html.

Oberender, Peter/Daumann, Frank, „Ökonomische Aspekte der Qualitätssicherung“, in: Hans-Joachim Jaster (Hrsg.), *Qualitätssicherung im Gesundheitswesen*, Stuttgart und New York 1997, S. 210-250.

Oberender, Peter/Hebborn, Ansgar, *Wachstumsmarkt Gesundheit. Therapie des Kosteninfarkts*, Frankfurt am Main 1994.

Pieper, Claudia, „HMOs in den USA kämpfen gegen Imageverlust: Ist der Profit wichtiger als das Wohl des Patienten?“, *Ärzte Zeitung* 24 (1996), S. 2.

Reuter, Wolfgang, „Managed care in Deutschland?“, *Recht und Politik im Gesundheitswesen* 1 (1995), Nr. 1, S. 11-17.

Richner, Christian, „Managed Care-Programme und -Prozesse im schweizerischen Gesundheitsmarkt“, *Recht und Politik im Gesundheitswesen* 2 (1996), Nr. 1, S. 11-21.

Rodwin, Marc A., „Conflicts in managed care“, *New England Journal of Medicine* 332 (1995), S. 604-607.

Rosleff, Flemming/Lister, Graham, *Europäische Trends im Gesundheitswesen: In Richtung Managed Care*, o. O. 1995.

Schulenburg, Johann-Matthias Graf von der, *Systeme der Honorierung frei praktizierender Ärzte und ihre Allokationswirkungen*, Tübingen 1981.

Schumpeter, Joseph Alois, *Kapitalismus, Sozialismus und Demokratie*, München 1980.

Smith, Adam, *Der Wohlstand der Nationen. Eine Untersuchung der Natur und seiner Ursachen*, 2. Buch (aus dem Englischen übertragen und mit einer Würdigung von Horst Claus Recktenwald), München 1974.

Witt, U., *Individualistische Grundlagen der evolutorischen Ökonomik*, Tübingen 1987.

Zusammenfassung

Die Steuerungsdefizite im Gesundheitswesen führen zur Schaffung neuer Organisationsformen. Eines dieser neuen Instrumente ist „*Managed Care*“. Bei dieser neuen Form der Krankenversicherung werden von deren Anbietern *selektiv Verträge* mit Leistungserbringern im Gesundheitswesen geschlossen und deren Leistungen den Versicherten angeboten. Da es hierdurch zu einer *Verschiebung von Machtpositionen* kommen kann, ist zu prüfen, inwieweit Managed Care wettbewerblich eingesetzt werden kann.

Drei Voraussetzungen müssen für den wettbewerblichen Einsatz erfüllt sein. Erstens muß das *Honorierungssystem* für die Leistungserbringer so ausgestaltet sein, daß diese ihr Einkommen nicht durch Erbringung medizinisch überflüssiger Leistungen maximieren können. Erreichbar ist dies z.B. durch Kopfpauschalen, mit denen alle Behandlungen für einen Versicherten abgegolten werden. Zweitens muß durch *Qualitätssicherungsmaßnahmen* sichergestellt sein, daß Kosteneinsparungen bei den Leistungserbringern durch Verschlechterung des Angebotes unterbunden werden. Und drittens muß durch ein *vorstrukturiertes Leistungsangebot* die Behandlungsplanung bei einem verantwortlichen Primärarzt zusammengeführt werden.

Für die *Krankenversicherungen* bedeutet die Einführung von Managed Care einen *steigenden Verwaltungsaufwand*, bietet jedoch auch *Gewinnpotentiale* durch Kosteneinsparungsmöglichkeiten bei der Behandlung. Auch kann bei Honorierung mit Kopfpauschalen ein Teil des Versicherungsrisikos auf die Leistungserbringer überwälzt werden. Die *Patienten* werden durch Managed Care in ihrer *Souveränität* freiwillig eingeschränkt. In einem freien Markt können sie sich allerdings auch für andere Versicherungssysteme entscheiden. Für die *Leistungserbringer* entsteht durch die Abkehr von der Einzelleistungsvergütung ein *zusätzliches Marktrisiko*. Auch werden sie in ihrer Behandlungsfreiheit eingeschränkt. Durch die Möglichkeit, ihren Patienten Managed Care direkt anzubieten, entstehen ihnen allerdings auch neue Gewinnpotentiale.

Insgesamt bleibt festzuhalten, daß der Einführung von Managed Care *keine wettbewerblichen Bedenken* entgegenstehen, solange andere Versicherungsoptionen bestehen bleiben.

Summary

Rising expenditures for health care lead to the creation of new organizational forms aiming at the reduction of these costs. One of these instruments is „*Managed Care*“. In this new form of health insurance, suppliers make *selective contracts* with helath care providers and offer their services to the insured. As this can *shift market powers*, it is to be discussed how Managed Care can be implemented competitively.

Three preconditions have to be fulfilled. Firstly, the *reimbursement system* for providers has to be designed in a way that they cannot maximise their income by performing medically unnecessary services. This can be achieved by the implementation of per capita payments covering all treatments for one insured. Secondly, *quality checks* have to make sure that providers cannot reduce their costs by offering inferior services. And thirdly, a *prestructured service program* has to unite treatment planning in the hands of one responsible primary care physician.

For *health insurances*, Managed Care leads to *rising administrative costs*, but also to *possible gains* through savings in treatment expenses. With per capita fees, part of the insurance risk can be passed on to service providers. *Patients* are limited in their *choice* when they have entered a managed-care-plan. Of course, in a free market they can also choose a different insurance plan. For *service providers*, turning away from the fee-for-service system is an *additional market risk*. Furthermore, their therapeutical freedom gets limited. On the other hand, they can achieve additional gains by offering Managed Care directly to their patients.

After all, there are *no objections* to Managed Care as far as competition within the health sector is concerned, as long as there are also other types of insurance plans.

Koreferat zu „Managed Care und Wettbewerb im Gesundheitswesen - Voraussetzungen und mögliche Auswirkungen -“

Eberhard Wille, Universität Mannheim

1 Qualitätssicherung im Rahmen von Managed Care

Managed Care-Konzepte zielen u.a. auf eine integrierte Gesundheitsversorgung ab, die im Zuge einer sektorübergreifenden Kooperation und Koordination zwischen allen beteiligten Leistungserbringern den Behandlungsablauf steuert. Dominante Ziele dieses Steuerungsprozesses bilden die Kostensenkung bei gegebenem Outcome und/oder die Outcomesteigerung bei gegebenem Ressourcenaufwand. Dabei stellt die *Qualitätskomponente* auch einen integralen Bestandteil des - wie immer definierten - Outcomespektrums dar. Der Case Manager sieht sich im Hinblick auf die Qualitätskomponente mit dem Problem konfrontiert, daß er zwar aus Kostengründen die Therapiefreiheit des hinzugezogenen Leistungserbringers medizinisch sinnvoll einschränken möchte, letzterer aber über ein größeres Fachwissen verfügt. Der Case Manager bzw. Hausarzt leitet den Patienten im speziellen Fall gerade wegen seiner Kompetenzdefizite an den Spezialisten weiter. Fragen der Qualitätssicherung treten im Rahmen von Managed Care-Konzepten auch dann verstärkt auf, wenn diese für die Leistungserbringer statt einer Einzelleistungsvergütung eine pauschale Honorierung vorsehen.

Bei gegebenem medizinischen Fortschritt hängt die Verbesserung von Effizienz und Effektivität der Gesundheitsversorgung von einer zügigen und möglichst umfassenden Diffusion des vorhandenen indikationsspezifischen Wissenstandes ab. Das Rationalisierungspotential besteht dann in der Differenz zwischen dem, was eine Behandlung bei vollkommener Umsetzung medizinischer Erkenntnis erreichen kann, und den in der Realität tatsächlich erzielten Ergebnissen. In diesem Kontext dient die Unterscheidung in Struktur-, Prozeß- und Ergebnisqualität zur Strukturierung und Lokalisierung möglicher Ineffizienzen und Ineffektivitäten.

Die *Strukturqualität* bezieht sich auf die personellen, technischen und räumlichen Ressourcen, die für eine ambulante oder stationäre Behandlung zur Verfügung stehen. Hierzu zählen vor allem die Ausbildung des Arztes, Anzahl und fachliche Qualifikation des Personals, Art und Umfang der technischen Ausstattung und der organisatorische Aufbau des Praxis- bzw. Krankenhausbetriebes. Die Strukturqualität läßt sich vergleichsweise gut überprüfen, aber sie bildet im Sinne einer medizinischen Infrastruktur lediglich die Voraussetzung und noch keine Garantie für eine effiziente und effektive Gesundheitsversorgung.

Die *Prozeßqualität* umfaßt alle Maßnahmen, die im Laufe einer Behandlung ergriffen oder unterlassen wurden. Hierunter fallen neben präventiven Maßnahmen alle diagnostischen, therapeutischen und pflegerischen Leistungen einschließlich der Indikationsstellung. Die Verwirklichung der Prozeßqualität steht derzeit eindeutig im Mittelpunkt der Qualitätssicherung medizinischer Behandlung. Ihr dienen vor allem fachbezogene Standards bzw. Leitlinien, die an die Indikationsstellung anknüpfen. Fehlen solche Vorgaben, können Konsensusrichtlinien, die Expertengruppen verabschieden bzw. empfehlen, die Entscheidungsgrundlage bilden. Die Überprüfung der Prozeßqualität besteht dann aus einem Vergleich zwischen dem individuellen ärztlichen Handeln und diesen Standards bzw. Richtlinien. Um gesicherte Präventionsmaßnahmen und höchstmögliche Qualität in Diagnose und Therapie dauerhaft zu gewährleisten, bedürfen die indikationsspezifischen Standards und Richtlinien in gewissen Zeitabständen einer Anpassung an den neuesten ärztlichen Wissensstand und begleitender ärztlicher Fortbildungsmaßnahmen.

Die *Ergebnisqualität* orientiert sich an den gesundheitlichen Outcomes, die neben Mortalitäts- und Morbiditätsraten auch Indikatoren der Lebensqualität und Patientenzufriedenheit beinhalten. Im Sinne der Effektivität bildet die Ergebnisqualität zwar das eigentliche Ziel einer medizinischen Behandlung, gleichzeitig aber auch die schwierigste Form der Qualitätssicherung. Das zentrale Problem einer Überprüfung der Ergebnisqualität liegt in dem komplexen Ursache-Wirkungs-Geflecht begründet, das zwischen einer ärztlichen Behandlung und einer Veränderung der gesundheitlichen Outcomes besteht. Letztere hängen nicht nur von der Qualität der ärztlichen Behandlung, sondern auch vom selbstverantwortlichen Mitwirken des Patienten, d.h. der Compliance, und von teilweise vielfältigen Einflußgrößen ab, die wie die Umweltfaktoren außerhalb des Gesundheitswesens liegen. Zudem treten Outcomeänderungen, die auf eine bestimmte Behandlung zurückgehen, häufig erst mit erheblicher zeitlicher Verzögerung auf und überlagern sich dann mit anderen Effekten.

Angesichts der methodischen Probleme, die Ergebnisqualität zu messen und allfällige Outcomeveränderungen eindeutig bestimmten Einflußgrößen zuzuschreiben, dürfte sich die Qualitätssicherung in praxi auf absehbare Zeit vornehmlich auf die Überprüfung der Prozeßqualität konzentrieren. Dies schließt nicht aus, daß epidemiologische und gesundheitsökonomische Studien u.a. mit Hilfe von qualitativen Gegenüberstellungen ähnlicher Leistungserbringer sowie interregionalen und internationalen Vergleichen versuchen, Anhaltspunkte über Niveau und Entwicklung der Ergebnisqualität zu gewinnen. Diese Erkenntnisse erlauben dann unter Umständen auch Rückschlüsse auf die Prozeßqualität.

Die Vorgabe und Kontrolle der o.a. Qualitätsnormen durch die jeweilige Managed-Care Organisation würde einen erheblichen Verwaltungsmehraufwand und damit Mehrkosten erfordern. Auf das gesamte Gesundheitssystem bezogen handelt es sich um ineffiziente Doppelplanungen und -kontrollen. Eine m.E. sinnvollere Alternative bestünde darin, daß die medizinischen Fachgesellschaften für bestimmte Behandlungen und Behandlungsabläufe Standards und Richtlinien erarbeiten und in regelmäßigen Abständen fortschreiben, d.h. der Entwicklung des medizinischen Wissens anpassen. Den Ärztekammern fiele dann in erster Linie die Aufgabe zu, die Einhaltung dieser Normen zu überprüfen. Diese Aufgabe obliegt den Kammern übrigens auch in der gewerblichen Wirtschaft. Managed-Care Organisationen könnten sich dann darüber hinaus noch durch besondere Qualitätsmaßnahmen, z.B. durch eine obligatorische Zweitdiagnose, profilieren.

Auch wenn fachlich gesicherte indikationsspezifische Standards und Richtlinien vorliegen, bleiben im Rahmen der Qualitätssicherung noch Fragen der Verbindlichkeit und Kontrolle dieser Normwerte offen. Die institutionell verankerte Absicherung der Prozeßqualität[1] steht im Spannungsverhältnis zwischen der Verantwortlichkeit des behandelnden Arztes, bei dem zusammen mit dem Patienten auch das Restrisiko der Behandlung verbleibt, und der objektivierbaren Sicherung eines bestimmten (Mindest-)Niveaus ärztlichen Leistungsgeschehens. Insofern schränken Standards und Richtlinien - der englische Ausdruck *„guidelines"* klingt in dieser Hinsicht freundlicher - die Therapiefreiheit des jeweils behandelnden Arztes nicht zwangsläufig ein. Er kann im Einzelfall durchaus von diesen Orientierungsvorgaben abweichen, wenn er es überzeugend zu begründen vermag oder damit offensichtlichen Erfolg hat. Er begibt sich dann allerdings außerhalb des fachwissenschaftlichen und damit rechtlichen Schutzes, den die Einhaltung dieser Normen ihm bietet.

2 Zum „Sisyphus-Syndrom"

Obwohl diese These mehrere profilierte Anhänger auch unter den deutschsprachigen Gesundheitsökonomen finden dürfte, erlaube ich mir hierzu einen kritischen Einwand. Es ist zutreffend, daß lebensverlängernde Präventionsmaßnahmen die Gesamtausgaben für den Betroffenen über dessen Restlebenszeit hinweg tendenziell steigern. Sofern aber die Kosten der direkt verhinderten Krankheit über dem Präventionsaufwand liegen, fallen zunächst einmal Ersparnisse an. Von den zusätzlichen Gesundheitsausgaben, die später auf die Lebensverlängerung zurückgehen, müssen die jährlichen Beiträge dieses Versicherten abgezogen und die entsprechenden Nettobeträge dann abdiskontiert werden. Der Netto-Barwert dieser Berechnung hängt stark von der Höhe und vom zeitlichen Anfall der Minder- und Mehrausgaben sowie von der gewählten Zeitpäferenzrate ab. Klafft zwischen Ersparnis und Mehrausgaben eine große zeitliche Differenz, so erscheint - vor allem bei Wahl einer hohen Zeitpräferenzrate - eine Nettobelastung nicht zwangsläufig.

3 Grenzen des Gestaltungsspielraumes

Ein effizienz- und effektivitätssteigernder Wettbewerb im Gesundheitswesen setzt voraus, daß die Krankenkassen bei der Vertragsgestaltung, bei den Versorgungs- und Vergütungsformen und - zumindest begrenzt - beim Leistungskatalog über hinreichend spezifische Aktionsparameter verfügen. Sofern *staatliche Regulierungen* monopolistische Strukturen auf der Anbieter- oder Nachfrageseite von Gesundheitsleistungen und bestimmte Vertriebswege und Vergütungssysteme sanktionieren, kann kein funktionsfähiger Wettbewerb entstehen. Infolge der politischen Resistenz korporativer Strukturen

1 In den USA überwachten schon in den siebziger Jahren sog. Professional Standards Review Organizations die Einhaltung der ärztlichen Standards und kontrollierten die Berechtigung der von öffentlicher Seite finanzierten Leistungen aus medizinischer Sicht. Im Zuge von Auseinandersetzungen mit den Leistungserbringern setzten sich bei diesen Kontrollen Qualitäts- gegenüber Kostenaspekten durch. Anfang der achtziger Jahre traten an die Stelle der Professional Standards Review Organizations sog. *Peer Review Organizations*, die schwerpunktmäßig das qualitative Leistungsniveau und die Auslastung im stationären Sektor kontrollieren.

beschränken die vorliegenden Gesetzesentwürfe der deutschen Parteien bzw. Fraktionen den Kassenwettbewerb als innovativen Suchprozeß auf Modellversuche im Rahmen von Erprobungsregelungen. Dies bedeutet, daß im Rahmen der Regelversorgung nur ein Wettbewerb im Hinblick auf Beitragssatz, Service und Marketing stattfinden kann. Zudem fehlen verbindliche Regelungen, unter welchen Bedingungen ein erfolgreiches Erprobungsmodell in die Regelversorgung übergeht. Für eine solch inkrementale Einführung von Wettbewerbselementen in das Krankenkassensystem gibt es sicherlich zahlreiche nachvollziehbare politische Gründe. Den weiterhin bestehenden Beschränkungen sollten die ökonomischen Erwartungen jedoch Rechnung tragen.

Der Gesundheitszustand hängt nicht nur von der medizinischen Behandlung und deren Qualität ab, sondern auch von zahlreichen anderen Einflußgrößen, die außerhalb des Gesundheitswesens und auch überwiegend außerhalb des Gestaltungsspielraumes der Krankenkassen liegen. Diese *transsektoralen Einflüsse*, die als prädisponierende Variablen auf den Gesundheitszustand einwirken, umfassen persönliche Charakteristika, wie z.B. das individuelle Gesundheits- und Ernährungsverhalten, und allgemeine sozio-ökonomische Faktoren. Zu letzteren gehören u.a. die Umweltqualität, die Wohn- und Arbeitsverhältnisse sowie die Verkehrsbedingungen, die als Gesundheitsdeterminanten im Mittelpunkt der Verhältnisprävention stehen. Die prädisponierenden Variablen bestimmen zusammen mit den Zugangsvariablen und dem Gesundheitszustand die Nachfrage nach Gesundheitsleistungen. Die Outcome-Indikatoren dienen in diesem Kontext dazu, den Gesundheitszustand in mehrdimensionaler Messung valide abzubilden. Dieses komplexe Ursache-Wirkungsgeflecht der Gesundheitsproduktion zeigt, daß der Gesundheitssektor zwar über wichtige, aber keineswegs über alle Determinanten bzw. Instrumentvariablen zur Verbesserung der gesundheitlichen Outcomes verfügt.

"Managed Care": Erste Erfahrungen in der Schweiz

Jürg H. Sommer, Universität Basel

1 Ausgangslage

Gemäss den Statistiken der OECD hatte die Schweiz im Jahr 1994 mit 2'294 Dollars pro Kopf der Bevölkerung nach den USA die höchsten Gesundheitskosten (OECD, 1996). Seit Jahren ist denn auch die Problematik der rasanten Kostensteigerung im Gesundheitswesen in der Schweiz ein politisches Dauerthema. Bis 1995 scheiterten jedoch alle Versuche, das aus dem Jahr 1911 stammende Krankenversicherungsgesetz (KVG) zu revidieren. Bei diesem handelte es sich um ein reines Subventionsgesetz: Versicherungsträger, die staatliche Beiträge in Anspruch nehmen wollten, hatten sich beim Bundesamt für Sozialversicherung einem Anerkennungsverfahren zu unterziehen und verpflichteten sich, die materiellen Bestimmungen des KVG einzuhalten. Dazu gehörten insbesondere die Übernahme des vorgegebenen Leistungskatalogs, die Anwendung der vorgesehenen Selbstbeteiligungslösung, die Verpflichtung zu einer beschränkten Freizügigkeit,[1] die Begrenzung der Prämiendifferenzierungsmöglichkeiten[2] sowie die Unterlassung von Gewinnausschüttungen.

Zwar stand es jedermann frei, innerhalb des Privatversicherungsrechtes eine Krankenversicherung abzuschliessen, die den erwähnten Einschränkungen nicht unterlag. Die staatliche Subventionierung hatte jedoch zur Folge, dass 1993 99,9% der Schweizer Bevölkerung bei einer anerkannten Krankenkasse für Krankenpflegeleistungen versichert waren (Bundesamt für Sozialversicherung, 1995, S. 4).

Grundsätzlich besteht ein *erhebliches Wettbewerbspotential* um Kassenmitglieder. Einerseits kennt die Schweiz keinen Kassenzwang. Andererseits kommt die Bevölkerung nach wie vor für einen beträchtlichen Teil der im Gesundheitswesen anfallenden Kosten über Kopfprämien auf. Die Krankenpflegekosten je Versicherten haben sich zwischen 1966 und 1993 mehr als verzwölffacht. Demgegenüber sind die Löhne im gleichen Zeitraum lediglich um 350% gestiegen (Bundesamt für Sozialversicherung, 1995, S. 111). Da zudem der Bund die Höhe seiner Subventionen an die Krankenkassen auf dem Stand der 70er Jahre eingefroren hat, mussten die Erwerbstätigen in den letzten Jahren einen überproportional wachsenden Anteil ihres Einkommens für Prämienzahlungen aufwenden. Steigende Kopfprämien treffen wirtschaftlich Schwächere am härtesten. Es ist deshalb anzunehmen, dass zumindest dieser Teil der Bevölkerung für Neuerungen empfänglich ist, welche das Wachstum der Krankenversicherungsprämien verlangsamen oder gar deren Niveau senken.

---

1 Es bestand ein Vorbehalt von maximal 5 Jahren für bestehende Krankheiten. Bisher nicht versicherte Personen oder diejenigen, die den Tätigkeitsbereich ihrer Kasse verliessen, hatten ein Beitrittsrecht zu einer Kasse ihrer Wahl ohne medizinische Vorbehalte.

2 Prämienabstufung nach Eintritts- und nicht nach Lebensalter, keine Prämiendifferenz zwischen Männern und Frauen.

Die Geschichte der gescheiterten Versuche zur Revision des KVG ist jedoch lang. Sowohl die Ärzte als auch die Krankenkassen haben sich seit jeher erfolgreich gegen alle tiefergreifenden strukturellen Reformvorschläge gewehrt und beharrlich den Status Quo verteidigt. Aufgrund des wachsenden Kostendrucks und der sich rapide verschärfenden Entsolidarisierungstendenzen in der Krankenversicherung[3] kam jedoch in den letzten 15 Jahren Bewegung in die erstarrte politische Landschaft.

2 *Erste Versuche mit Managed Care*

Zu Beginn der achtziger Jahre begannen vornehmlich Ökonomen, über die Möglichkeiten neuer Versicherungsformen in der Schweiz zu diskutieren und auch zu publizieren.[4] Eine Verbreitung dieser Ideen über akademische Kreise hinaus gelang jedoch erst, als 1984 eine aus fünf Ökonomen und Sozialwissenschaftlern bestehende „Arbeitsgruppe HMO" gegründet wurde. Dieser gelang es, mittels intensiver Öffentlichkeitsarbeit und Pressekonferenzen das Potential von Health Maintenance Organizations (HMOs) innert weniger Monate einem breiteren Publikum näher zu bringen. Dadurch gerieten die Krankenkassen in Zugzwang. Die einen verhielten sich daraufhin noch defensiver als bisher, andere waren jedoch zu einer ernsthaften Prüfung neuer Versicherungsmodelle bereit.

Einige Krankenkassen gründeten im Herbst 1985 die „Interessengemeinschaft für alternative Krankenversicherungsmodelle" (IGAK). Nach langen Diskussionen führte diese Anfang der neunziger Jahre die *erste HMO der Schweiz* in Zürich (1.1.1990) ein. Die grösste Krankenkasse der Schweiz, die Helvetia, eröffnete daraufhin ihre eigene HMO in Zürich (1.9.1991), und in Basel gründete die IGAK ihre zweite HMO (1.10.1991). Bis zum heutigen Zeitpunkt wurden weitere HMOs in Genf, Luzern, Bern, Winterthur und St. Gallen realisiert (Frei, 1996).

Die Krankenkassen reagierten auf das sich ändernde Umfeld auch mit einer Reihe von Zusammenschlüssen und *Kooperationen.*[5] Die spektakulärste ist dabei zweifellos jene der drei grossen Krankenkassen Helvetia, Konkordia und KFW, die sich im September 1993 zu einem Dachverband mit dem Namen „Swisscare" zusammenschlossen.[6] Swisscare wies 1994 mit 2,4 Mio. Versicherten und einem Prämienvolumen von 3,6 Mrd. Franken landesweit einen Marktanteil von etwa 33%, in der Innerschweiz gar von

3 Die im KVG von 1911 vorgeschriebene Methode der Prämienfestsetzung aufgrund des Eintrittsalters führt dazu, dass für ältere Mitglieder, die schon seit langer Zeit in ihrer Kasse waren, ein Kassenwechsel mit beträchtlich höheren Prämien verbunden war. Für jüngere Mitglieder konnte sich ein Wechsel dann lohnen, wenn sie in eine Kasse mit tieferem Durchschnittsalter wechselten. Dieses Problem der Risikoentmischung gefährdete das bisherige System des kasseninternen Sozialausgleichs und führte zu einem eigentlichen Kassensterben (1966: 898 Kassen, 1993: 207 Kassen. Vgl. Bundesamt für Sozialversicherung, 1995, S. 6).

4 Vgl. z.B. Zweifel/Pedroni, 1981, Hauser/Bartelt, 1981 sowie Sommer, 1983.

5 Das Spektrum reicht von Partnerschaften für den gemeinsamen Leistungseinkauf über die gemeinsame Entwicklung neuer Versicherungsmodelle bis zu Zusammenschlüssen einzelner Krankenkassen.

6 Die ursprünglich angestrebte Fusion scheiterte. Kürzlich wurde deshalb die gemeinsame Leitung wieder aufgelöst. Die bisher realisierte Zusammenarbeit (gemeinsamer Einkauf von Gesundheitsleistungen, Förderung neuer Versicherungsmodelle) soll aber weiter vorangetrieben werden.

über 50% auf. Ihr Ziel war neben dem Aufbau einer wirksamen Qualitätskontrolle der möglichst günstige Einkauf von Gesundheitsleistungen für ihre Versicherten. Zu diesem Zweck war unter anderem der Aufbau eines gesamtschweizerisch flächendeckenden Netzes von HMOs geplant.

Swisscare zwang andere grosse Kassen, sich ebenfalls zu marktmächtigeren Einheiten zusammenzuschliessen und damit zu beginnen, effizientere Kooperationsformen mit den medizinischen Leistungserbringern zu entwickeln und/oder diejenigen mit einem besseren Kosten-Nutzen-Verhältnis auszuwählen. Seit 1994 wurden die „Visana“ (1,14 Mio. Versicherte), die „Helsana“ (1,677 Mio. Versicherte) und die „Swica“ (0,611 Mio. Versicherte) gegründet. Wie die Swisscare wollen diese Organisationen ebenfalls mittels eigens zu diesem Zweck ins Leben gerufener Firmen neue Versicherungsformen auf breiter Basis einführen und fördern.

Die ersten HMOs wurden in der Schweiz als sogenannte „staff model HMO"[7] in Form von Gruppenpraxen eingerichtet, die sich an zentraler Lage in grösseren städtischen Agglomerationen befinden. Neben den Arztpraxen verfügen sie in der Regel auch über Räumlichkeiten für paramedizinisches Personal und bieten gesundheitsfördernde und -erhaltende Kurse an. Ausser in Notfällen müssen die Versicherten diese Zentren als erste Anlaufstelle aufsuchen. Sie profitieren durch diese Einschränkung der Arztwahlfreiheit von einer rund 15-20% tieferen Prämie und je nach Modell auch vom Wegfall der Kostenbeteiligung,[8] so dass sich eine Prämienersparnis von rund 30-35% im Vergleich zur konventionellen Krankenversicherung ergeben kann.

Diese ersten HMOs erreichten nach etwa drei Jahren die Gewinnzone, wobei sie bei der Mitgliedschaft von etwa 6'000 Versicherten an ihre Kapazitätsgrenzen stiessen (Baur et al., 1996). Eine der Zürcher HMOs hat deshalb kürzlich ein weiteres Zentrum in einem Vorort der Stadt Zürich eröffnet. In Basel hingegen entschieden die Verantwortlichen, in einer Stadt mit der im schweizerischen Vergleich höchsten Ärztedichte keine zusätzlichen Angebote zu schaffen. Stattdessen wurde mit 22 niedergelassenen Ärzten eine Vereinbarung getroffen, die es den HMO-Mitgliedern erlaubt, neben den Ärzten des HMO-Zentrums auch einen von diesen als ihren „Gatekeeper“ zu wählen.

Die Verträge mit diesen Hausärzten konnten erst nach langen Verhandlungen mit der zuständigen Standesorganisation der Ärzte, der Medizinischen Gesellschaft Basel, im Juni 1994 abgeschlossen werden. Sie enthalten als wichtigste Elemente das „Gatekeeping“, eine Definition einzuhaltender Qualitätsnormen, die Verpflichtung zur Einholung einer Zweitmeinung bei operativen Eingriffen sowie zur periodische Diskussion der durch die HMO erarbeiteten Vergleichsdaten mit den HMO-Verantwortlichen. Aufgrund des Widerstandes der Medizinischen Gesellschaft hat die HMO diese Hausärzte *am finanziellen Ergebnis* der HMO *bisher nicht beteiligt* und auch keine Rabatte mit ihnen ausgehandelt. Für die Zukunft ist jedoch der Einbau einer Gewinn- bzw. Verlustbeteiligung in die Verträge geplant. Von den 6'800 HMO-Versicherten in Basel machten

7 Zu den HMO-Typen vgl. Sommer, 1992.

8 Diese setzt sich in der ordentliche Krankenversicherung aus einer Franchise von 150 Franken und einem Selbstbehalt von 10% der die Franchise übersteigenden Kosten zusammen, wobei der Höchstbetrag insgesamt 500 Franken pro Jahr beträgt (vgl. Bundesbeschluss über befristete Massnahmen gegen die Kostensteigerung in der Krankenversicherung vom 9. Oktober 1992, inkl. Änderung vom 7. Oktober 1994, Art. 3).

bis anhin nur knapp 10% von der Möglichkeit des Wechsels zu einem der Ärzte ausserhalb des HMO-Zentrums Gebrauch.[9]

Die Krankenversicherer begannen zunehmend nach Möglichkeiten der Einführung neuer Versicherungsformen zu suchen, die ohne zusätzliche Investitionen verwirklicht und auch in ländlichen Gebieten erfolgversprechend angeboten werden können. Die häufigste Variante besteht darin, dass sich die Versicherten verpflichten, aus einer vom Versicherer eingeschränkten Anzahl Allgemeinpraktiker ihren Hausarzt als erste Anlaufstelle bei medizinischen Problemen zu wählen. Damit soll der Hausarzt als Grundversorger aufgewertet werden. Er soll als „Gatekeeper" agieren und dadurch unnötige Abklärungen und Doppelbehandlungen durch eine gezielte Überweisung an Spezialisten und Krankenhäuser vermeiden. Wenn der Versicherte ausser bei Notfällen[10] andere medizinische Leistungserbringer direkt konsultiert, erstattet ihm der Versicherer höchstens einen Bruchteil seiner verursachten Kosten. Die Ärzte, die derartigen Versicherungsmodellen beitreten wollen, können ohne weiteres in ihrer Praxis auch Patienten betreuen, die anderweitig versichert sind.

Das erste derartige Modell in der Schweiz wird in der Stadt Winterthur seit dem 1. März 1994 durch die Krankenkasse KFW unter dem Namen „WintiMed" angeboten. Alle Mitglieder von WintiMed verpflichten sich, einen von 19 WintiMed-Ärzten als ihren Hausarzt zu wählen. Wenn sie ärztliche Betreuung benötigen, suchen sie (ausser in Notfällen und bei gynäkologischen Problemen) zuerst diesen auf. Für diese Einschränkung der freien Arztwahl erhalten sie im Vergleich zum Standardangebot der Krankenkasse einen Prämienrabatt von 15%. WintiMed zählt Ende 1995 rund 2'000 Versicherte.

Die WintiMed-Ärzte verpflichteten sich, die Versicherten mit den reglementarisch festgelegten Leistungen zu versorgen und insbesondere die „Gatekeeper"funktion zu übernehmen. Als finanzielle Risikobeteiligung tragen die Ärzte im Falle eines Verlustes die Hälfte des Defizites des Versicherers, jedoch jährlich maximal 10'000 Franken pro Arzt. Allfällige weitere Verluste werden vom Versicherer getragen. Bei einem Gewinn werden die Ärzte im gleichen Umfang beteiligt. Ein Verlust (ein Gewinn) wird so definiert, dass WintiMed einen höheren Verlust bzw. einen niedrigeren Gewinn (niedrigeren Verlust bzw. höheren Gewinn) aufweist als eine vergleichbare Gruppe traditionell Versicherter der Krankenkasse in der Stadt Winterthur.

Eine erste Auswertung der Daten für das Jahr 1994 zeigt, dass die Krankenpflegekosten der WintiMed-Versicherten, verglichen mit gleichaltrigen konventionell Versicherten, deutlich tiefer liegen. Die erzielten Einsparungen werden unter Berücksichtigung aller Vorbehalte (z.B. kurzer Beobachtungszeitraum, mögliche Zurückstellung von Wahleingriffen etc.) auf rund 20% geschätzt. Aber nicht nur die Einsparungen, sondern auch die mit der neuen Versicherungsform gemachten Erfahrungen wurden von den Beteiligten als positiv eingestuft. Die WintiMed-Ärzte bezeichnen die Gruppenerfahrungen in Qualitätszirkeln als unerwartete, aber entscheidende Stärken des gesamten Modells, und die Versicherungen schätzen die bereichernde Zusammenarbeit mit den Ärzten. Für noch unzureichend wird hingegen die Information der Versicherten über die Gatekeeping-Bestimmungen sowie die Informatik-Infrastruktur der Ärzte eingestuft (Arbeitsgruppe WintiMed, 1996).

---

9 Gesundheitsplan HMO, Basel (1995): Netz HMO Basel (Mitteilung)

10 Eine freie Wahl der Leistungserbringer besteht meist auch bei der Konsultation von Gynäkologen und Pädiatern.

In der Zwischenzeit sind weitere derartige Hausarztmodelle in der Schweiz eingeführt worden bzw. in Planung, wobei eine Variante die Ärzte nicht nach Einzelleistungen, sondern durch nach Geschlecht und Alter der Versicherten abgestufte Pauschalen entschädigt.

3 Rechtliche Grundlagen

Für die Einführung der neuen Versicherungsmodelle musste in der Schweiz eine entsprechende Rechtsgrundlage geschaffen werden. Dies erfolgte am 20. Dezember 1989 mittels einer Änderung der Verordnung V über die Krankenversicherung durch den Bundesrat. Die Verordnungsbestimmungen wurden bis Ende 1995 befristet, und es wurde eine wissenschaftliche Begleituntersuchung angeordnet. Aufgrund dieser Ergebnisse sollte über die Zukunft der neuen Modelle entschieden werden.

Parallel zu dieser Evaluation wurde im politischen Prozess ein erneuter Versuch unternommen, das aus dem Jahr 1911 stammende KVG zu revidieren. Ohne die Resultate der Evaluation abzuwarten, wurde mit dem neuen KVG, welches in der Referendumsabstimmung vom 4. Dezember 1994 durch das Volk knapp angenommen wurde, *die gesetzliche Grundlage für die neuen Versicherungsformen* geschaffen, womit deren Fortbestand garantiert ist.

Das neue Gesetz wollte allerdings nicht nur die Einführung neuer Versicherungsformen ermöglichen, sondern die *Konkurrenz zwischen den Versicherern* sollte *ausdrücklich gefördert* werden. Dies sei laut der Expertenkommission, welche die Gesetzesvorlage vorbereitete, „ein wesentliches Element für ein gutes Funktionieren der Krankenversicherung und damit für ein optimales Verhältnis von Kosten und Nutzen ...“. Darin liege „...die eigentliche Rechtfertigung dafür, dass die Krankenversicherung durch eine vom Gesetz nicht begrenzte Vielzahl autonomer Versicherer durchgeführt wird." (Bericht der Expertenkommission für die Revision der Krankenversicherung, 1990)

Das neue KVG, welches per 1.1.1996 in Kraft tritt, umfasst die folgenden *wesentlichsten Neuerungen:*

- Einführung des Obligatoriums der Krankenpflegeversicherung (Art. 3 KVG),
- freier Kassenwechsel der Versicherten in jedem Alter ohne Vorbehalte und finanzielle Einbussen (volle Freizügigkeit) (Art. 4 KVG),
- Festlegung eines abschliessenden und verbindlichen Leistungskatalogs in der Grundversicherung (Art. 24-34 KVG),
- gleiche Prämien für die erwachsenen Versicherten innerhalb einer Kasse und einer Region (Art. 61 KVG),
- Einführung eines auf zehn Jahre befristeten Risikoausgleichs unter den Krankenkassen (nach Alter und Geschlecht) (Art. 105 KVG),
- gezielte Entlastung der wirtschaftlich schwächeren Versicherten durch Beiträge von Bund und Kantonen (Art. 65, 66 KVG),
- Erlaubnis der Einführung von Versicherungen mit eingeschränkter Wahl der Leistungserbringer (Art. 41, 62 KVG),
- Schaffung der Möglichkeit der Abkehr von der Einzelleistungshonorierung (z.B. Pauschalen oder Vergütungen nach Zeitaufwand) (Art. 43 KVG),

- Übernahme von höchstens 50% der Betriebskosten der Patienten in der allgemeinen Abteilung von öffentlichen oder öffentlich subventionierten Krankenhäusern durch die Krankenversicherungen (ohne Investitionskosten sowie Kosten für Lehre und Forschung) (Art. 49 KVG),
- Zulassung derjeniger Krankenhäuser zur Tätigkeit zu Lasten der obligatorischen Krankenversicherung, die „der von einem oder mehreren Kantonen aufgestellten Planung für eine bedarfsgerechte Spitalversorgung entsprechen" und „auf der nach Leistungsaufträgen in Kategorien gegliederten Spitalliste des Kantons aufgeführt sind" (Art. 39 KVG),
- Verbot von Kartellabsprachen (Wegfall der Sondervertragsverbote und des Verbandszwanges für Ärzte, Verbot von Meistbegünstigungs- und Exklusivitätsklauseln) (Art. 46 KVG),
- Durchführung regelmässiger Kontrollen zur Qualitätssicherung (Art. 58 KVG),
- Einführung von ausserordentlichen Massnahmen zur Kosteneindämmung (je nach Kostenentwicklung Prämien- und Tarifstopp respektive Vorgabe von Globalbudgets) (Art. 54, 55 KVG).

4 Kein vollständiger Abbau der Wettbewerbshindernisse

Das neue KVG stellt aus wettbewerbstheoretischer Sicht zweifellos einen Fortschritt gegenüber dem heutigen Gesetz dar. Es wurden jedoch nicht alle bestehenden Wettbewerbshindernisse konsequent aus dem Wege geräumt:

4.1 Fehlender Abbau wettbewerbshemmender Subventionen

Entscheidend für den Erfolg einer marktwirtschaftlichen Reformstrategie ist die *Sicherstellung einer fairen Markteintrittschance für HMOs* und HMOähnliche Versicherungsmodelle. Dies setzt voraus, dass durch neue Formen der Leistungserbringung allfällig erreichte Einsparungen auch bei den Versicherungsträgern anfallen und sie diese an ihre Mitglieder weitergeben können. Da HMOs ihre *Einsparungen* in erster Linie über vergleichsweise deutlich *tiefere Hospitalisationsraten* erzielen (Miller/Luft, 1994), sind vor allem die Subventionen der Krankenhäuser abzubauen bzw. auf definierte gemeinwirtschaftliche Leistungen (z.B. Aufwendungen für Lehre und Forschung) zu beschränken. Damit sollen sowohl die Abwägung zwischen ambulanter und stationärer Behandlung wie auch die Wahl der verfügbaren Krankenhäuser nach den *tatsächlichen Kosten* erfolgen und erzielte Einsparungen voll an die Prämienzahler weitergegeben werden können. Dies ist umso bedeutsamer, als die drei HMOs, die evaluiert werden, in den Jahren 1992 bis 1994 mit 79 Krankenhauseintritten pro 1'000 Versicherte deutlich unter dem schweizerischen Durchschnitt von 148 lagen. Inwieweit die günstigere Altersstruktur der HMOs diese Differenz der Hospitalisationshäufigkeit erklären kann, wird gegenwärtig untersucht (Baur et al., 1996).

Ein wichtiger Baustein einer marktwirtschaftlich orientierten Reformstrategie ist die *Aushandlung eigener Behandlungsverträge durch die Krankenversicherer* mit den Krankenhäusern ihrer Wahl. Dies wird durch diese 50%-Kosten-Regelung zumindest stark erschwert. Wenn die Kantone schon für die Hälfte der Betriebskosten aufzukommen haben, werden sie der Leitung ihrer Krankenhäuser kaum die volle Führungsverantwortung (inkl. für allfällige Verluste) übertragen, sondern die zuständigen kantonalen Behörden und Parlamente werden wie seit jeher mit rigiden innovationshemmenden Vorschriften auch die operativen Tätigkeiten ihrer Krankenhäuser kontrollieren wollen.

Die Vorschrift der Einführung kantonaler Spitallisten verunmöglicht es den Managed Care-Organisationen, ihr Angebot an stationären Leistungen vermehrt auf möglicherweise kostengünstigere, aber *ausserkantonale* Krankenhäuser zu konzentrieren. Schliesslich werden sie sich auf die öffentlichen, vielleicht ineffizienteren Krankenhäuser konzentrieren müssen, weil die sich auf der Liste befindlichen privaten Kliniken in der Regel nicht subventioniert werden.

4.2 Marktwidrige dirigistische Eingriffe

Der Gesetzgeber glaubt offenbar nicht an den Erfolg marktwirtschaftlicher Reformen, denn das neue KVG enthält zahlreiche Bestimmungen, die unnötigerweise marktwirtschaftliche durch bürokratische Entscheide ersetzen. So dürfen beispielsweise die Prämien einer HMO während der ersten fünf Betriebsjahre höchstens 20% unter den Prämien der *ordentlichen Krankenversicherung* des betreffenden Versicherers liegen. Diese Vorschrift, die letztlich eine potentielle Quersubventionierung der konventionellen Versicherten durch die HMO-Versicherten beinhaltet, kann die Wachstumschancen von HMOs erheblich beeinflussen.

Die bisherigen Erfahrungen mit HMOs deuten darauf hin, dass Pämienermässigungen von 15 bis 20% sowie der Wegfall der Selbstbeteiligung noch keine genügend grossen Anreize für die Wahl eines der neuen Versicherungsmodelle darstellen. So weist die erste in der Schweiz gegründete HMO nach fünf Betriebsjahren einen Mitgliederbestand von 6'800 Versicherten auf, die beiden anderen haben nach rund 3 Betriebsjahren 6'300 (Basel) bzw. lediglich 3'200 (Zürich) Mitglieder. Bezogen auf die Wohnbevölkerung erreichten die HMOs Ende 1994 einen Marktanteil von 2,8% in Zürich und von 3,1% in Basel. Der Anteil der HMO-Mitglieder an den Versicherten der Trägerkassen belief sich auf etwa 5-6% (Baur et al., 1996).

Empirische Untersuchungen zeigen, dass ein *Preiswettbewerb zwischen den Krankenkassen* in der Schweiz noch in den achtziger Jahren kaum existent war (Bartelt/Molinaro, 1984). Kassenwechsel waren selten, obwohl diese selbst unter Inkaufnahme höherer Eintrittsaltersprämien in gewissen Fällen mit beträchtlichen finanziellen Vorteilen verbunden gewesen wären. Die Gründe für dieses Verhalten sind vielfältig: Es bestand eine erhebliche Kassentreue der Mitglieder, die oft über Generationen aufrecht erhalten blieb. Zudem wurde der Preiswettbewerb in der sozialen Krankenversicherung als wesensfremd empfunden. Zwischen den Krankenkassen bestand ein gegenseitiges Wettbewerbsverbot aufgrund einer Kartellabsprache, und der Vergleich unterschiedlicher Angebote war für die Versicherten mit hohen Informationskosten verbunden (Hauser, 1986).

Mittlerweile hat sich die Situation allerdings deutlich verändert. Das neue KVG verbietet Kartellabsprachen unter den Kassen explizit, führt die Freizügigkeit[11] ein und erleichtert Prämienvergleiche dank der Vorschrift der pro Kasse und Region geltenden Einheitsprämien, verbunden mit der Vorgabe eines abschliessenden Mindestleistungspaketes. Gegenwärtig werden in den Massenmedien laufend Preisvergleiche publiziert und Ranglisten der günstigsten bzw. teuersten Kassen erstellt. Gleichzeitig wird die Bevölkerung darauf hingewiesen, dass sie ohne Nachteile die Kasse wechseln kann. Unter wachsendem Kostendruck[12] und einem Angebot an neuen Versicherungsmodellen, welches nicht mehr lediglich auf bestimmte Städte bzw. Quartiere begrenzt ist, ist anzunehmen, dass diese vermehrt gewählt werden.

4.3 Überstrapazierte Solidaritäten

Die *gezielte Unterstützung der wirtschaftlich Schwachen* mittels Prämienzuschüssen ist grundsätzlich eine sinnvolle sozialpolitische Massnahme. Im neuen KVG sind die dazu vorgesehenen Gelder so grosszügig ausgefallen, dass in der reichen Schweiz die Prämien von bis zu 50% der Bevölkerung voll oder teilweise subventioniert werden könnten. Einige Kantone haben deswegen auf die volle Ausschöpfung der ihnen zustehenden Beiträge des Bundes verzichtet.

Die genaue Ausgestaltung des Zuschusssystems fällt in den Zuständigkeitsbereich der Kantone. Es zeichnet sich daher eine grosse Vielfalt der gewählten Lösungen ab, wobei oft zu wenig darauf geachtet wird, dass auch für die wirtschaftlich Schwächeren der Anreiz zur Wahl einer kostengünstigen Versicherungsvariante nicht verloren gehen darf. Ansonsten werden die Wachstumschancen der HMOs beträchtlich vermindert.

4.4 Befristeter Risikoausgleich

Das neue KVG sieht keine risikogerechten Prämien vor, sondern regional abgestufte Einheitsprämien innerhalb jeder Krankenkasse. Der Anreiz der Kassen, sich auf die Jagd auf die Jungen, die sog. guten Risiken, zu konzentrieren, besteht somit nach wie vor. Dieser Anreiz soll durch die Einführung eines Risikoausgleichs gemildert werden, der

---

11 Dies bedeutet, dass im Bereich der Grundversicherung eine Kasse jede Person ohne medizinische Vorbehalte zum Preis der kasseninternen Einheitsprämie aufnehmen muss. Bei der Freizügigkeit existiert jedoch eine institutionelle Einschränkung: Die Versicherer müssen über eine minimale Reserve im Umfang von 20% (Kassen über 50'000 Mitglieder) des Prämienvolumens verfügen (Art. 78 KVV). Bei einem Kassenwechsel können die Reserven nicht in die neue Kasse transferiert werden, sondern verbleiben in der alten Kasse. Unter der Annahme, dass eine Kasse mit tiefen Einheitsprämien deshalb einen grossen Zulauf erhält, müssen aufgrund des dadurch wachsenden Prämienvolumens die Reserven im Umfang von 20% des zusätzlichen jährlichen Prämienvolumens erhöht werden. Die Vernachlässigung dieser Tatsache bei der Prämienfestsetzung ist bereits einer grossen Kasse zum Verhängnis geworden.

12 Neben dem Wegfall der Bundessubventionen nach dem Giesskannenprinzip an die Krankenkassen und dem medizinisch-technischen Fortschritt hat der Leistungsausbau in der Grundversicherung (z.B. unbeschränkte Leistungsdauer bei Krankenhausaufenthalt, Einbezug der Pflegeleistungen in Pflegeheimen, Ausbau der spitalexternen Leistungen) und die Aufhebung der durch Notrecht verfügten Plafonierung der Tarife eine beträchtliche Erhöhung der Kosten im Grundversicherungsbereich zur Folge.

die Kassen mit einem vergleichsweise höheren Anteil an Jungen und Männern zu Ausgleichszahlungen an die übrigen Kassen verpflichtet.[13] Dieser wurde vom Parlament auf zehn Jahre befristet. Ohne ihn - so die Überlegung - würden Kassen, die heute eine ungünstige Risikostruktur aufweisen, mit der Einführung der vollen Freizügigkeit rasch vom Markt verdrängt. Der befristete Risikoausgleich soll es ihnen ermöglichen, ihren (schlechten) Risikobestand zu korrigieren. Er soll jedoch nicht eine Überlebensgarantie für ineffiziente Kassen sein, weshalb er zeitlich befristet wurde.

Im Grunde wird dadurch lediglich das Problem um zehn Jahre verschoben, weil nach der Aufhebung des Risikoausgleichs bei Einheitsprämien die Anreize für die Kassen zu (unerwünschter) Risikoselektion wieder verstärkt werden (Beck/Zweifel, 1996). Die Jagd auf die Jungen, die guten Risiken, wird erneut einsetzen. Die Versicherer haben bei Einheitsprämien zudem kaum Anreize, für die Betagten kostengünstigere Versorgungsformen zu entwickeln. Da die Gesundheitsausgaben im Alter stark ansteigen, enthält dieser Bereich Suche das weitaus grösste Potential für Effizienzsteigerungen.

5 Ausblick

Das schweizerische Gesundheitswesen befindet sich in einer Umbruchphase. Meldungen über Kooperationen, Fusionen etc. zwischen Krankenkassen sind gegenwärtig an der Tagesordnung. Einige neue Versicherungsmodelle sind bereits eingeführt worden, andere sind in Planung. Die bestehenden HMOs sind noch sehr klein. Deren Existenz beeinflusste jedoch massgeblich die Ausgestaltung des neuen KVG. „Managed Care" ist in der Schweiz zu einem viel zitierten Schlagwort geworden. Die grundsätzliche Notwendigkeit der Einführung von mehr Wettbewerb im Gesundheitswesen wird kaum mehr bestritten, was sich im wachsenden Angebot neuer Versicherungsformen manifestiert. Gleichzeitig werden in einigen Kantonen Versuche mit neuen Ansätzen zur Finanzierung der Krankenhäuser unternommen, und die Idee der institutionalisierten Qualitätssicherung hat auch im schweizerischen Gesundheitswesen Fuss gefasst.

Die anfänglich gegen derartige Neuerungen ablehnend eingestellte Ärzteschaft hat zumindest offiziell ihren Widerstand gegen die Einführung der neuen Versicherungsmodelle aufgegeben. Die HMOs haben keine Mühe, Ärzte anzustellen. Das von den schweizerischen Fachgesellschaften für Innere Medizin, Allgemeinmedizin und Pädiatrie sowie der Schweizerischen Akademie für Medizinische Wissenschaften ins Leben gerufene Kollegium für Hausarztmedizin hat gar eine „Managed Care-Charta für den Hausarzt" entwickelt. Auf universitärer Ebene wurden in den letzten Jahren Nachdiplomstudienrichtungen im Bereich der öffentlichen Gesundheit eingeführt, die sich ausführlich mit Fragen der Managed Care auseinandersetzen.

Ob eine Zunahme der Wettbewerbsintensität längerfristig zu den erhofften Effizienzsteigerungen führen wird, bleibt abzuwarten. Managed Care setzt ein radikales Umdenken bei allen Beteiligten im Gesundheitswesen voraus. Solche Verhaltensänderungen bedingen ein Lernen an konkreten Erfahrungen und benötigen entsprechend viel Zeit.

---

13 Zu den Schwierigkeiten der Ausgestaltung eines Risikoausgleichs vgl. Van de Ven et al., 1994.

Literatur

Arbeitsgruppe WintiMed, „WintiMed - Ein Erfahrungsbericht“, *Schweizerische Ärztezeitung,* 13 (1996), S. 525-531.

Bartelt, Guido/Molinaro, Remo, „Wettbewerb unter Kranken- und Unfallversicherern: Eine Analyse in der Region St. Gallen“, in: Hauser, H. (Hrsg.), *Mehr Wettbewerb in der Krankenversicherung,* Horgen, 1984.

Baur, Rita/Ming, Armin/Stock, Johannes/Lang, Peter, *Struktur, Verfahren und Kosten der HMO-Praxen, HMO-Bonus-Evaluation. Untersuchungsbericht 4,* Basel 1996.

Beck, Konstantin/Zweifel, Peter, *Improving on Risk Adjustment in Swiss Health Insurance, Unpublished Paper,* Zürich 1996.

Bericht der Expertenkommission für die Revision der Krankenversicherung vom 2. November 1990, Bern 1990.

Bundesamt für Sozialversicherung, *Statistik über die Krankenversicherung 1993.* Bern 1995.

Bundesgesetz über die Krankenversicherung (KVG) vom 18. März 1994

Bundesbeschluss über befristete Massnahmen gegen die Kostensteigerung in der Krankenversicherung vom 9. Oktober 1992, inkl. Änderung vom 7. Oktober 1994, Bern 1994.

Frei, Walter, „HMO- und Hausarztmodelle in der Schweiz“, *KSK Aktuell,* 4 (1996), S. 54.

Hauser, Heinz, „Grundzüge eines wettbewerblichen Versicherungskonzeptes für die Schweiz“, in: *Ökonomie des Gesundheitswesens,* Schriften des Vereins für Socialpolitik, Neue Folge, Bd. 159, Berlin 1986.

Hauser, Heinz/Bartelt, Guido, „Health Maintenance Organizations - eine geeignete organisatorische Neuerung für die Schweiz?“, *Schweizerische Ärztezeitung,* August (1981), S. 2423-2430.

Miller, Robert H./Luft, Harold S, „Managed Care Plan Performance Since 1980. A Literature Analysis“, *JAMA,* 19 (1994), S. 1512-1519.

OECD, *OECD in Figures. Statistics on the Member Countries, 1996 Edition,* Paris 1996.

Sommer, Jürg H., *Kostenkontrolle im Gesundheitswesen. Die nordamerikanischen Erfahrungen mit staatlich regulierenden und wettbewerblich orientierten Ansätzen,* Diessenhofen 1983.

Sommer, Jürg H., *Health Maintenance Organizations. Erwartungen und Erfahrungen in den USA,* Chur/Zürich 1992.

Van de Ven, Wynand P.M.M./van Vliet,, René C.J.A./Barneveld, Erik M./Lamers, Leida M., „Risk-Adjusted Captitation: Recent Experiences in the Netherlands“, *Health Affairs,* 5 (1994), S. 120-136.

Verordnung über die Krankenversicherung (KVV) vom 27. Juni 1995

Zweifel, Peter/Pedroni, Gabriela, *Die Health Maintenance Organization. Die Alternative im Gesundheitswesen?* Basel 1981.

Zusammenfassung

In der Schweiz bestehen ideale Voraussetzungen für eine wettbewerbsorientiert Reform des Gesundheitswesens. Einerseits ist die schweizerische Bevölkerung ohne Kassenzwang in über 200 verschiedenen Krankenkassen versichert. Andererseits kommt die Bevölkerung für einen beträchtlichen Teil der im Gesundheitswesen anfallenden Kosten über Kopfprämien auf. Die Schweiz hat denn auch als erstes Land in Europa während der frühen neunziger Jahre HMOs auf einer Versuchsbasis eingeführt. Darüber hinaus enthält das 1994 in der Volksabstimmung gutgeheissene neue Krankenversicherungsgesetz einige wesentliche Elemente für eine erfolgreiche marktwirtschaftliche Reform. Trotz ersten positiven Erfahrungen mit den neuen Versicherungsmodellen bleibt abzuwarten, ob eine Zunahme der Wettbewerbsintensität zu den erhofften Effizienzsteigerungen im schweizerischen Gesundheitswesen führen wird.

Summary

The Swiss are health insured in more than 200 sickness funds. The premiums which sickness funds are allowed to charge are calculated on a per head basis and are not related to income. Therefore, Switzerland offers an ideal environment for a market-based health care reform. It was indeed the first country in Europe to introduce HMOs on a trial basis during the early 1990's. In addition, the new Health Insurance Law of 1994 contains some of the key features of a successful competitive reform. Although the first experiences with managed care are encouraging, it is too early to assess if managed competition can fulfill its promises of a more efficient health care system in Switzerland.

Koreferat zu "Managed Care" - Erste Erfahrungen in der Schweiz

Engelbert Theurl, Universität Innsbruck

1 Einleitung

Der Beitrag von *Sommer* gibt einen Überblick über erste Erfahrungen mit Managed Care-Modellen in der Schweiz. Im Referat werden vier Themenbereiche angesprochen bzw. analysiert:

- Die Einführung von Managed Care-Modellen in der Schweiz vor der Reform des Krankenversicherungsgesetzes
- Der Prozeß der Neuordnung der Krankenversicherung in der Schweiz
- Erste Ergebnisse aus Evaluationsstudien zu den Managed Care-Modellen
- Ungelöste bzw. offene Fragen in den ordnungspolitischen Rahmenbedingungen von Managed Care-Modellen.

Insgesamt liefert der Beitrag einen sehr guten Einblick in die Entwicklung von Managed Care in der Schweiz. Dabei dominiert die beschreibende Darstellung, wenngleich eine Evaluation der verschiedenen - seit einigen Jahren bereits erprobten - Modelle in Ansätzen erfolgt. Der Comment zum Beitrag von *Sommer* soll daher weniger eine Kritik der Entwicklung in der Schweiz beinhalten, sondern Ergänzungen zu einigen ausgewählten Punkten bringen. Die Ausführungen sollen auch dazu genutzt werden, abschließend kurz auf die Entwicklungsperspektive von Managed Care in Österreich einzugehen.

2 Die Reform von Gesundheitssystemen als Problem der Institutionenhierarchie

Der Beitrag von *Sommer* beschreibt ausführlich den Prozeß der Einführung von Managed Care-Modellen in der Schweiz *vor* der Reform der Krankenversicherung. Dieser Reformprozeß (Vgl. z.B. *Hauser*, 1989, S. 21f.) beruhte im wesentlichen auf dezentralen Initiativen einzelner Versicherungen bzw. von Experten. Ein solcher Reformprozeß "*von unten*" erscheint von einem evolutorischen Verständnis von Gesundheitspolitik bzw. von Transformationsprozessen aus sinnvoll. Er ist aber mit den Problemen der Akzeptanz durch die politischen bzw. gesundheitspolitischen Institutionen und mit den Problemen von Defiziten in den ordnungspolitischen Rahmenbedingungen konfrontiert. Dieses Faktum kann mit Hilfe von Erkenntnissen der Neuen Institutionellen Ökonomie untermauert werden.

Der ordnungspolitische Rahmen in einem ökonomischen Subsektor wie z.B. dem Gesundheitswesen stellt eine formgebundene Institution dar (Vgl. ausführlich dazu *Theurl*, 1996). Den staatlichen und politischen Instanzen kommt bei der Auswahl formgebundener Institutionen, d.h. bei der Auswahl der institutionellen Alternativen im Gesundheitswesen eine entscheidende Rolle zu. Diese Auswahl der institutionellen Alternativen durch die politischen Entscheidungsträger wird sich nur unter ganz spezifischen Rahmenbedingungen (z.B. perfekter innerstaatlicher oder zwischenstaatlicher politischer

Wettbewerb, Maximierung einer sozialen Wohlfahrtsfunktion, Dominanz von kontraktueller Rationalität, etc.) ausschließlich am Kriterium der *Transaktionseffizienz*, d.h. der Minimierung der Transaktionskosten bei gegebener Versorgungsqualität orientieren. Eine geringe Intensität des politischen Wettbewerbs, die Existenz von hohen Informations- und Entscheidungskosten bei der Institutionenwahl, die asymmetrische Verteilung der politischen Entscheidungsrechte etc. können Gründe dafür sein, daß der Staat bzw. politische Instanzen bei seiner (ihrer) Institutionenwahl vom Prinzip der Transaktionseffizienz abweichen und verstärkt dem Kriterium der *Politischen Opportunität* folgen. Dies bedeutet, daß politische Organe, die über die Institutionenwahl (z.B. im Gesundheitswesen) zu entscheiden haben, institutionelle Alternativen mit höherem Kompetenzgehalt für sich selber solchen mit geringerem Kompetenzgehalt vorziehen. Vielfach wird auch von einem Hang zum "Rent-seeking" in solchen Entscheidungssituationen gesprochen.

Solche Tendenzen sind für das Gesundheitswesen vor dem Hintergrund der Existenz von ausgeprägten Institutionenhierarchien bedeutsam. Fundamentale (primäre) Institutionen (z.B. die Verfassung eines Staates) stehen in der Institutionenhierarchie an oberster Stelle. Aus ihnen - durch den politischen Prozeß - abgeleitete Institutionen (z.B. die Aufgabenverteilung im Gesundheitswesen, die Wettbewerbsordung im Gesundheitswesen, die Betriebsverfassung von Gesundheitseinrichtungen) sind selbst wiederum die Grundlage für weitere Institutionen (z.B. Make-or-Buy-Decisions von Krankenhäusern, Arztpraxen, etc.). Auf diese Weise entsteht ein hierarchisch strukturiertes Gefüge mit den fundamentalen Institutionen an der Spitze und einer Vielfalt direkt und indirekt abgeleiteter Institutionen darunter. Im Rahmen einer Institutionenhierarchie kann auf jeder Ebene ein "Institutional Choice" stattfinden, der von den institutionellen Alternativen, von den Ausgangsbedingungen auf der jeweiligen Entscheidungsebene und von den angewandten Entscheidungskriterien abhängt. Auf der untersten Hierarchieebene (z.B. Betriebsverfassung einer Arztpraxis) ist der Gestaltungsspielraum durch die vorgelagerten Institutionen stark eingeschränkt. Sobald man sich in der Institutionenhierarchie nach oben bewegt, erweitert sich der Spielraum der Institutionenwahl.

Institutionenhierarchien haben die wichtige Eigenschaft, daß sich *Gestaltungspfade* und damit auch *Gestaltungsfehler* auf den höheren Ebenen der institutionellen Hierarchie nach unten fortpflanzen. Aus ökonomischer Sicht notwendige gesundheitspolitische Reformmaßnahmen zur Änderung der institutionellen Strukturen bzw. Eigentumsrechtsstrukturen auf einer nachgelagerten Ebene (z.B. Versuche zur Änderung der Betriebsverfassung einer Arztpraxis) greifen daher vielfach zu kurz und/oder sind nicht mehrheitsfähig, weil sie der politischen Opportunität der in der Hierarchie vorgelagerten Institutionen vielfach widersprechen. Reformmaßnahmen von unten können damit an institutionellen Gestaltungsfehlern auf den höhergelagerten Institutionen scheitern. In vielen Fällen verspricht nur die Änderung der verfassungsrechtlichen Strukturen wirksame Abhilfe. Diese Institutioneninterdepenz gilt nicht nur in vertikaler sondern auf Grund der Vernetzung des Leistungsgeschehens gerade im Gesundheitswesen auch in horizontaler Sicht. Die Probleme bei der Einführung von Managed Care in der Schweiz sind ein anschauliches Beispiel für dieses Faktum.

Diese Bedeutung von institutionellen Interdependenzen in vertikaler und horizontaler Sicht zeigt sich bei der Einführung von Managed Care-Modellen in der Schweiz insbesondere in der Rolle der Kantone. Im Beitrag von *Sommer* wird zu Recht die Aufrechterhaltung der Subventionierung der Krankenhäuser durch die Kantone und der Modus der Erstellung der Krankenhauslisten kritisiert. Erstere gefährdet das Gesamtkonzept von Managed Care, weil sie für den wichtigsten Finanzierungsträger zu eklatanten Preisverzerrungen zwischen den verschiedenen Versorgungseinrichtungen führt, letztere resultiert fast zwangsläufig in "Institutional Choices", die im hohen Maße von politischer Opportunität geprägt sind. Im Trade-Off "innerkantonale Kapazitäten" vs. "außerkantonale Kapazitäten" sind Entscheidungen zu Gunsten der innerkantonalen Spitäler zu erwarten. Im Trade-Off "Öffentliche Kapazitäten" vs. "Private Kapazitäten" ist eine Bevorzugung der von der Öffentlichen Hand bereitgestellten Einrichtungen wahrscheinlich.

Über diese beiden angesprochenen Punkte hinaus ist m. E. in Managed Care-Modellen die Rolle des Staates (in der Schweiz der Kantone) generell zu hinterfragen. Dies betrifft erstens die Rolle der kantonalen Gesundheitsdirektionen. In diesen sind derzeit verschiedene Rollen (Funktionen) im Gesundheits- insbesondere im Krankenhauswesen gebündelt, die Entscheidungen, die sich primär an Effizienzkriterien orientieren, erschweren. Die Kantone sind:

- Unternehmer und Betreiber von Krankenhäusern,
- Planer von Krankenhauskapazitäten,
- Subventionsgeber,
- Vertragspartner,
- Entscheidungsorgan für die Spitallisten und
- Genehmigungsbehörde für die Tarife.

Nur eine weitgehende Entflechtung dieser Rollen, insbesondere eine Trennung von Regulierungs-, Leistungsbereitstellungs-, Produktions- und Finanzierungsfunktion kann hier Abhilfe schaffen.

Eine geänderte Rolle des Staates ist zweitens generell für den Bereich der stationären Gesundheitsversorgung zu fordern. In vielen Staaten - so auch in der Schweiz - weist der stationäre Sektor eine - historisch bedingte - Sonderstellung gegenüber der Versorgung durch die niedergelassenen Ärzte auf, die durch eine hohe Affinität von Leistungsbereitstellung und Finanzierung zu staatlichen Instanzen beschrieben werden kann. Sieht man einmal von der Forschungs- und Ausbildungsfunktion der Krankenhäuser ab, dann ist diese Sonderstellung ökonomisch (z.B. durch gutspezifische Eigenschaften von Krankenhausleistungen, durch die Existenz von Economies of Scale, etc.) schwer rechtfertigbar. Berücksichtigt man vielmehr, daß ein zentrales Anliegen von Managed Care in der besseren Verzahnung der Versorgungseinrichtungen im Gesundheitswesen und damit in der Steigerung der Gesamteffizienz des Systems liegt, dann stellt sich diese Sonderstellung des stationären Sektors als vielgestaltiges Hindernis für Erfüllung dieses Anliegens dar.

Es ist im Rahmen von Managed Care-Modellen daher insbesondere notwendig den Sicherstellungsauftrag der Öffentlichen Hand neu zu definieren und ihn von der Leistungsbereitstellungsfunktion zu trennen. Ein eventueller Sicherstellungsauftrag der Öffentlichen Hand muß sich auf das gesamte Gesundheitssystem beziehen, die isolierte Zuweisung von Sicherstellungsaufträgen für einzelne Teilbereiche des Gesundheitswesen erschwert die Implementation von Managed Care, weil die möglichen Substitutionsprozesse zwischen den einzelnen Versorgungsebenen auf diesem Wege nicht erfaßbar sind. Dies zeigt das Schweizer Beispiel sehr eindrücklich. Angelpunkt der Reform des Gesundheitswesens in der Schweiz war und ist die Neugestaltung des Krankenversicherungssystems. Es wäre daher nur konsequent einen - eventuell politisch gewünschten - Sicherstellungsauftrag über diese Schiene zu implementieren und die diesbezüglichen Kompetenzen der Kantone (insbesondere im Spitalsbereich) zu beschränken.

4 Die Auswirkung von Managed Care-Modellen auf die Effizienz von Gesundheitssystemen

Managed Care-Modelle werden in Europa in erster Linie unter dem Gesichtspunkt diskutiert, daß sie die Effizienz des Gesundheitssystems *insgesamt* verbessern sollten. Eine Implementation von Managed Care-Modellen im privaten Sektor des Gesundheitswesens, dem in vielen europäischen Staaten (nur) eine Ergänzungsfunktion zur staatlichen bzw. parastaatlichen Versorgung und Finanzierung zukommt, ist daher kein vordringliches Ziel der Gesundheitspolitik. Langjährige Erfahrungen in den USA und erste Erfahrungen in der Schweiz (Siehe Beitrag *Sommer*) zeigen tiefere Gesundheitskosten in Managed Care-Modellen im Vergleich zu konventionellen Versicherungsplänen, insbesondere durch tiefere Hospitalisierungsraten und kürzere Verweildauern. Andererseits zeigt gerade die Entwicklung der Gesundheitsausgaben in den USA seit 1990 ein sehr zwiespältiges Bild (Vgl. den Beitrag von *Leiter/Loest/Thielscher* in diesem Band):

- Die Gesundheitsausgabenquote (Gesundheitsausgaben/BIP) ist in den USA seit 1990 von 12 % auf 16 %, also um ca. 4 %-Punkte gestiegen.
- Der Anteil von Versicherungsmodellen mit Managed Care-Charakter am Gesamtversicherungsmarkt ist in den USA im betrachteten Zeitraum stark angestiegen (1986: 11 % der Versicherten, 1996: 54 % der Versicherten).
- Die Preisentwicklung (gemessen z.B. im Anstieg der durchschnittlichen Pro-Kopf-Prämie) in den Managed Care-Modellen ist seit 1992 stark rückläufig.

Aus diesen drei Teilinformationen kann abgeleitet werden, daß die Ausgaben in den konventionellen Versicherungsplänen der USA seit 1990 um über 15 % jährlich gestiegen sein müssen. Risikoselektion und Cost-shifting von Seiten der Managed Care-Modelle wären mögliche Ursachen der beobachteten Ausgabensteigerung in den konventionellen Versicherungsplänen. In der Schweiz ist der Marktanteil von Managed Care-Modellen (noch) zu gering, um Auswirkungen auf das gesamte Gesundheitssystems ableiten zu können.

Die Entwicklung in den USA, aber auch die Notwendigkeit einer entsprechenden (gesundheits-)politischen Akzeptanz von Managed-Care-Modellen legen es nahe, einige Überlegungen über die Wirksamkeit von Managed-Care-Modellen in Abhängigkeit von ihrem "Marktanteil" anzustellen. Dies soll allerdings nicht als konstruktivistischer Zugang zur Einführung von Managed Care begriffen werden, da es zu einem "Versuch-und-Irrtum-Prozeß" m. E. keine Alternative gibt.

Der Begriff "Marktanteil" kann dabei auf das gesamte Gesundheitswesen oder auf einzelne Sektoren des Gesundheitswesens bezogen werden. Schaubild 1 stellt - ausgehend von einem bestehenden Effizienzniveau ohne Managed Care $E_{(oMC)}$ - idealtypisch den Zusammenhang zwischen der Marktpenetration von Managed Care und dem Effizienzgrad des Gesundheitssystems dar. Unterstellt wird dabei, daß es ein optimales Ausmaß der Marktpenetration $E_{(opt)}$ gibt. Entwicklungspfad A überträgt das Gesetz des abnehmenden Grenzertrages auf die Einführung der institutionellen Alternative "Managed Care". Entwicklungspfad B geht dagegen davon aus, daß eine Einführung von Managed Care erst ab einer bestimmten Marktpenetration insgesamt Effizienzsteigerungen bringt, in einer Einführungsphase bzw. bei einer geringen Marktpenetration dagegen auch effizienzmindernde Wirkungen auftreten können. Solche effizienzsenkende Wirkungen könnten ökonomisch durch mehrere Faktoren begründet werden:

Abbildung 1: Managed Care - Effizienzgrad und Marktpenetration

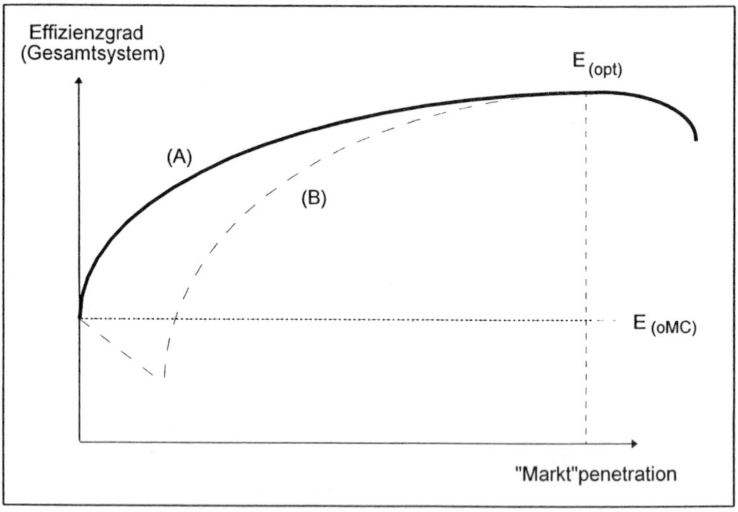

- Durch hohe Economies of Scale in der Umstellung der ordnungspolitischen Rahmenbedingungen bzw. in der Administration der Systeme.
- Durch den Umstand, daß eine Partialeinführung von Managed Care die Systemfehler in anderen Bereichen verstärken kann.
- Die Praxis des Cost-Shifting führt möglicherweise nicht nur zu Kostenverlagerungen, die Nullsummenspiele darstellen, sondern zu effizienzsenkenden Ausweichreaktionen.
- Die Abwanderung (exit) der "kritischen" Konsumenten aus den konventionellen Versicherungsplänen kann zu einer überproportionalen Reduktion des Widerspruchs (voice) in diesen traditionellen Systemen führen, die die Effizienz des Gesamtsystems schwächt.

Empirische Untersuchungen zur umfassenden Beantwortung der gestellten Ausgangsfrage - nämlich der Auswirkungen auf das Gesamtgesundheitssystem - existieren meines Wissens nicht. Verfügbar sind allerdings Untersuchungen über die Auswirkungen der Marktpenetration von Managed Care-Modellen bzw. der Intensität des Wettbewerbs zwischen Managed Care-Modellen auf die Prämienhöhe in Versicherungsplänen, die nach Managed Care organisiert sind. Damit ist zumindest eine Teilantwort auf die Ausgangsfragestellung möglich. *Wholey et al.* haben dazu die umfassendste ökonometrische Studie vorgelegt. Untersucht wurden alle HMO's in den USA im Zeitraum 1988 bis 1991.

Tabelle 1 zeigt ausgewählte Ergebnisse der Studie für Individual Practice Organizations (IPA's). Die HMO's wurden zu diesem Zweck nach den beiden Merkmalen Wettbewerbsgrad und Marktpenetration in vier Quartile eingeteilt. Der Wettbewerbsgrad wird durch die Zahl der HMO's im relevanten Markt gemessen. Die Marktpenetration bemißt sich nach dem Anteil der Bevölkerung, die in HMO's versichert ist, an der Gesamtbevölkerung. Die Prämienhöhe wird in Relation zur Prämie in den konventionellen Versicherungsplänen berechnet, wobei die Vergleichsprämie auf 1 normiert wurden.

Tabelle 1: Prämienhöhe, Wettbewerbsgrad und Marktpenetration bei HMO's

		MARKTPENETRATION %-Anteil der Bevölkerung in HMO's (in Klammern)			
		1. Quartil (10 %)	2. Quartil (13 %)	3. Quartil (19 %)	4. Quartil
WETTBEWERBSGRAD Zahl derHMO's (in Klammer)	1. Quartil (5)	0.99	1.02	0.99	0.99
	2. Quartil (8)	0.99	0.99	0.98	0.99
	3. Quartil (13)	0.99	0.97	1.02	0.98
	4. Quartil	0.97	0.93	0.91	0.90

Quelle: Eigene Zusammenstellung aus *Wholey et al.*, 1995, S. 99.

Insgesamt zeigt sich sowohl ein prämiensenkender Effekt eines zunehmenden Wettbewerbsgrades wie ein ebensolcher Effekt einer steigenden Marktpenetration. Die Wirkung einer Intensivierung des Wettbewerbs auf dem relevanten Markt auf die Prämienhöhe scheint aber deutlich stärker zu sein als die einer Zunahme der Marktpenetration.

5 *Die Rolle von Managed Care im österreichischen Gesundheitswesen*

Abschließend sei kurz auf die Bedeutung von Managed Care im österreichischen Gesundheitswesen eingegangen. Stark steigende Gesundheitsausgaben, die intern und extern induzierten Notwendigkeiten der Konsolidierung der öffentlichen Haushalte und tiefgreifende ordnungspolitische Strukturmängel haben auch in Österreich die gesundheitspolitische Diskussion in den letzten Jahren intensiviert. Die ordnungspolitischen Voraussetzungen für die Implementation von Managed Care-Ansätzen in Österreich können im Kern folgendermaßen beschrieben werden:

- Der verfassungsrechtliche Rahmen der Gesundheitspolitik ist durch eine starke Zersplitterung der Kompetenzen sowohl in vertikaler (föderalistischer) Sicht (Bund, Länder, Gemeinden) als auch in horizontaler Sicht - insbesondere zwischen Sozialministerium und Gesundheitsministerium - geprägt. Diese Kompetenzzersplitterung auf den vorgelagerten Ebenen der institutionellen Ordnung des Gesundheitswesen begünstigt im Sinne der Ausführungen in Gliederungspunkt zwei Situationen des "Gefangenendilemmas", erzeugt Spill-overs und führt teilweise zur ineffizienten Institutionenwahl im Gesundheitswesen.
- Direkte Folge des geringen Integrationsgrades der Gesundheitspolitik ist ein geringer Grad der Integration der Versorgungs- und Finanzierungsstrukturen. Insbesondere im Bereich der stationären Versorgung ist ein hohes Maß an Finanzierungszersplitterung gegeben. Verstärkt werden die negativen Wirkungen des geringen Organisationsgrades durch ein geringes Ausmaß an Steuerung des Patientenflusses im Gesundheitswesen. Die Gatekeeperfunktion des Allgemeinpraktikers ist faktisch nur unzureichend ausgeprägt.
- Das Krankenversicherungssystem ist als Pflichtversicherungssystem mit einkommensorientierten Beiträgen ohne individuelle Wahlmöglichkeit konzipiert und weist sozialpartnerschaftlich dominierte Entscheidungsstrukturen auf.

Die derzeitige Struktur des Krankenversicherungssystems enthält damit - im Gegensatz zur Schweiz - keinerlei Wettbewerbselemente, die als *ein* möglicher "Motor" für organisatorische Innovationen dienen könnten. Ein Wechsel vom Pflichtversicherungssystem zu einer Versicherungspflicht würde den sozialpartnerschaftlichen Einfluß im Krankenversicherungssystem schmälern und ist deswegen derzeit politisch nicht mehrheitsfähig. Managed Care-Modelle werden derzeit allenfalls als Modellversuche im Rahmen von Betriebskrankenkassen, die aber quantitativ bedeutungslos sind, diskutiert. Der versorgungsgerechte Patientenzugang und Patientenfluß im Gesundheitswesen wird zwar als ein wesentliches Problem anerkannt, die Steuerung des ärztlichen Handelns im niedergelassenen Bereich soll aber verstärkt durch *administrative Kontrollen* des ärztlichen Verhaltens (Vorgabe von Standards, Kontrolle und Sanktionen für Outliers) erfolgen.

Das primäre Interesse der Gesundheitsreformen konzentrierte sich in den letzten Jahren bedingt durch die hohen Kapazitäten und durch hohe Steigerungsraten in den Ausgaben eindeutig auf den Krankenhaussektor. Die mit 1.1.1997 in Kraft tretende Gesundheitsreform ist daher primär als Krankenhausreform konzipiert. Diese Reform enthält mehrere Elemente, die insgesamt als Verstärkung des staatlichen Einflusses im Gesundheitswesen interpretiert werden können. Die gesamtstaatliche Kapazitätsplanung (Betten- und Großgeräteplanung) wird verstärkt. Das bestehende Krankenhausfinanzierungssystem auf Basis von pauschalierten Pflegetagen wird zumindest teilweise durch eine DRG-orientierte Krankenhausfinanzierung ersetzt. Die Mittel, die die Sozialen Krankenversicherungen für die stationäre Versorgung zur Verfügung stellen, werden - basierend auf den Summen von 1994 - als Blocktransfers an die neun einzurichtenden

Länderfonds gezahlt. Die Zahlungen der Sozialen Krankenversicherung sind unabhängig vom Leistungsgeschehen im Krankenhaus. Diese Regelung bewirkt einerseits eine Verlagerung der finanziellen Risiken auf die Mitfinanciers Länder und Gemeinden und andererseits ein schwindendes Interesse der Sozialen Krankenversicherung an einer optimalen Gestaltung der Arbeitsteilung im Gesundheitswesen (ambulant/stationär). Ein wesentlicher Gedanke von Managed Care, nämlich die Integration von Versorgungseinrichtungen im Gesundheitswesen, wird dadurch durch die Reform nicht unterstützt. Die Begrenzung der Mittel für den stationären Bereich der Versorgung könnte aber langfristig trotzdem eine Verlagerung der Versorgung in den niedergelassenen Bereich zu Folge haben. Die Implementation einer DRG-orientierten Krankenhausfinanzierung wird zudem eine verbesserte Informationsbasis für die Outputmessung im Gesundheitswesen liefern und damit ein wesentliches Anliegen von Managed Care-Modellen erfüllen.

Literatur

Hauser, Heinz, "Ein Reformvorschlag für die Soziale Krankenversicherung in der Schweiz, in: Theurl, Engelbert/Dezsy, Josef (Hrsg.), *Reform der Sozialen Krankenversicherung,* Lochau 1990, S. 41 - 62.

Theurl, Engelbert, *Staat und Gesundheitswesen - Analyse historischer Fallbeispiele aus der Sicht der Institutionellen Ökonomik*, Studien zu Politik und Verwaltung, Bd. 56, Wien-Köln-Graz 1996.

Wholey, Douglas/Feldman Roger/Christianson, Jon, "The effect of market structure on HMO premiums, *Journal of Health Economics*, 14 (1995), S. 81 - 105.

Managed Care - Ansätze zur Weiterentwicklung des deutschen Gesundheitswesens

Josef M. E. Leiter, Hagen Loest, Christian Thielscher, McKinsey & Company, Inc.

Zu Beginn seiner ersten Amtszeit im Jahre 1992 plante der amerikanische Präsident Bill Clinton eine umfassende Reform des amerikanischen Gesundheitssystems. Vorbild für ihn war das deutsche Gesundheitswesen. Inzwischen haben sich die Verhältnisse eher umgekehrt: Eine immer größere Zahl deutscher Gesundheitsexperten beginnt sich mit der amerikanischen Idee von "Managed Care" zu beschäftigen. Das wechselseitige Interesse ist durchaus begründet, denn beide Systeme können voneinander lernen. So gewährleistet das deutsche Gesundheitswesen eine flächendeckende Gesamtversorgung auf hohem Niveau für die ganze Bevölkerung, während in den USA weiterhin etwa 40 Mio. Bürger ohne Versicherungsschutz auskommen müssen[1]. Umgekehrt ist in den USA eine Vielzahl innovativer Managementansätze - bekannt unter dem Sammelbegriff "Managed Care" - entstanden, die durchaus die deutsche Diskussion um die Gesundheitsreform bereichern können. Die Erfolge der neuen Steuerungsinstrumente sind beeindruckend. Mit ihrer Hilfe können, insbesondere im stationären Bereich, Gesundheitsleistungen sehr viel kostengünstiger erbracht werden - ohne erkennbare Beeinträchtigung der Behandlungsqualität.

Treibende Kraft für die Entwicklung von Managed-Care-Instrumenten war der in den USA sehr viel höhere Kostendruck. Zum einen sind die Gesundheitsausgaben in den USA in den achtziger Jahren weit stärker gestiegen als in Deutschland (Schaubild 1). Zum anderen werden in den USA die Versicherungsprämien vor allem von den Arbeitgebern bezahlt, was enorme Kostenbelastungen für die US-Unternehmen schafft[2]. Da anders als in Deutschland die Arbeitgeber das Recht haben, den Krankenversicherer für ihre Mitarbeiter selbst auszuwählen, waren die US-Unternehmen bestrebt, jeweils besonders kostengünstige Versicherungsanbieter zu gewinnen. Dies hat natürlich die Verbreitung von Managed Care massiv begünstigt. Man kann durchaus behaupten, daß in den USA die Entwicklungen auf der Mikroebene, d.h. der Ebene der einzelnen Managed-Care-Instrumente, so stark vorangetrieben wurde, weil das Gesamtsystem der Gesundheitsversorgung auf der Makroebene in Bedrängnis geriet.

---

1 Vgl. Donelan et al. (1996). Diese Zahl ist höchstens insofern zu relativieren, als in den Vereinigten Staaten Non-profit-Krankenhäuser dazu verpflichtet sind, auch Personen ohne Krankenversicherungsschutz zu behandeln. Die dabei entstehenden Kosten werden vom Krankenhaus auf die Patienten mit Versicherungsschutz umgelegt. Dieses Verfahren erweist sich allerdings zunehmend als problematisch, da die Krankenhäuser mittlerweile unter starkem Druck seitens der Versicherer stehen. Diese sind kaum noch bereit, überhöhte Fallkosten für ihre Mitglieder zu akzeptieren.

2 Im Jahr 1980 betrugen die Gesundheitsausgaben amerikanischer Unternehmen im Durchschnitt 27 Prozent des Betriebsergebnisses vor Steuern. Ihr Anteil verdoppelte sich innerhalb von zehn Jahren und erreichte 1991 bereits 62 Prozent. Vgl. The Universal Healthcare Almanac, 1995.

Schaubild 1

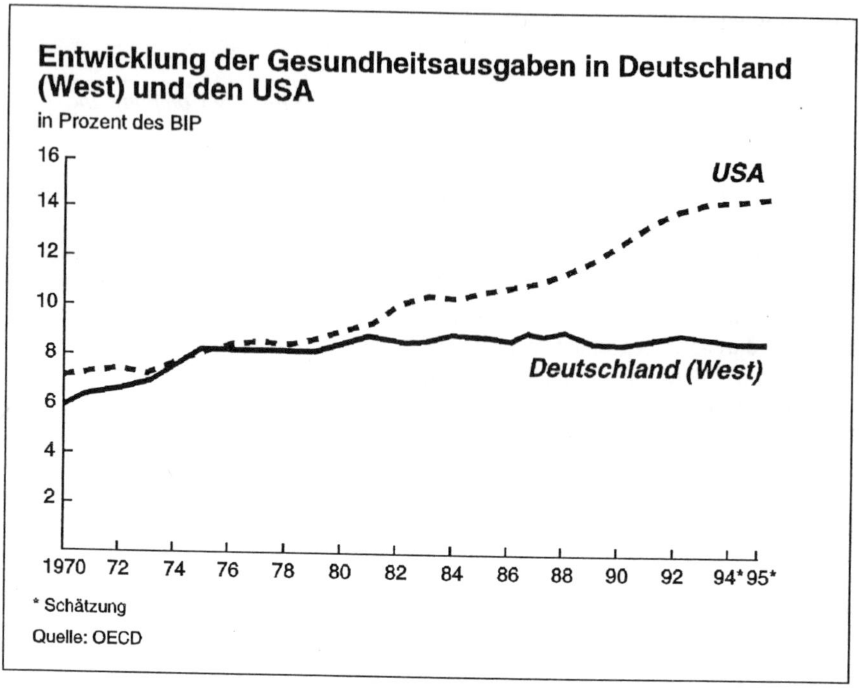

Vor diesem Hintergrund stellt sich die Frage, in welchem Umfang Erfahrungen aus den Vereinigten Staaten für Deutschland relevant sind und zur Weiterentwicklung unseres eigenen Gesundheitswesens beitragen können. Dabei kann es aus deutscher Sicht nicht darum gehen, amerikanische Konzepte einfach "blind" zu kopieren. Zu unterschiedlich sind die Strukturen, Systeme, Rahmenbedingungen - und nicht zuletzt die ungelösten Probleme auf beiden Seiten. Vielmehr geht es darum, Antworten auf drei zentrale Probleme zu finden:

- Was sind die Defizite und Reformbedürfnisse des deutschen Gesundheitssystems?
- Welche Reformbeiträge können Managed-Care-Ansätze leisten? Welche Steuerungsinstrumente haben sich im Ausland bereits bewährt, welche lassen sich auch auf deutsche Verhältnisse übertragen?
- Welche regulativen Rahmenbedingungen müßten abgeändert werden, um Managed-Care-Ansätze zu integrieren und das deutsche Gesundheitswesen weiterzuentwickeln?

1 Das deutsche Gesundheitssystem: Traditionell vorbildlich, aber zunehmend in Bedrängnis

Das Gesundheitswesen in Deutschland sichert für die gesamte Bevölkerung eine qualitativ hochwertige medizinische Versorgung. Diese soziale Errungenschaft gilt es auf jeden Fall zu erhalten. Zudem sind die Gesundheitsausgaben in den vergangenen 15 Jahren real kaum noch angestiegen; seit 1981 betragen sie nahezu unverändert etwa 8,2 Prozent des Bruttoinlandsproduktes (vgl. OECD, 1996). Allerdings ist die Lohnquote im gleichen Zeitraum von 59 Prozent auf 52 Prozent gesunken (vgl. IW, 1996). Dadurch haben sich die Beitragssätze in der gesetzlichen Krankenversicherung von ca. 12 Prozent auf derzeit etwa 14 Prozent erhöht (Schaubild 2).

Schaubild 2

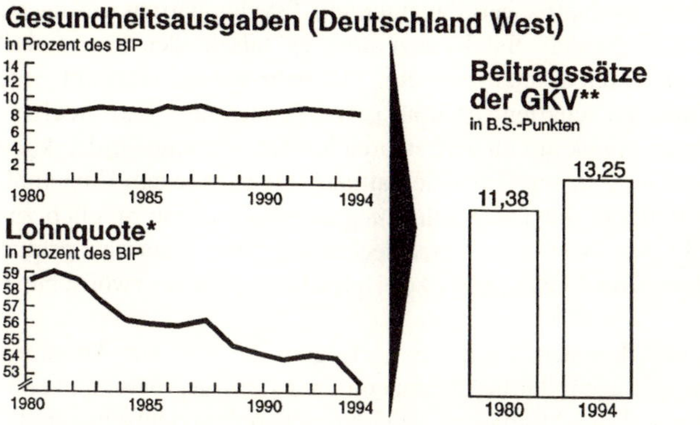

* Anteil des Bruttoeinkommens aus unselbständiger Arbeit; in jeweiligen Preisen, Deutschland West
** Für Pflichtmitglieder, Deutschland West

Quelle: OECD; STBA FS 18, R. 1.3.1994, Hauptberichte, STBA-Jahrbuch, Tab. 24.2, S. 655; Sachverständigenrat auf Grundlage BMA; DKG

Bereits heute wird das deutsche Gesundheitssystem von vielen als zu teuer empfunden. Die Einnahmen-Ausgaben-Schere dürfte sich in Zukunft noch weiter öffnen: Demographisch betrachtet, wird sich der Anteil der über Sechzigjährigen an der Gesamtbevölkerung von derzeit ca. 23 Prozent in den nächsten 30 Jahren auf ca. 34 Prozent erhöhen. Da mit zunehmendem Alter jeweils auch die Gesundheitsaufwendungen wachsen, ist zu erwarten, daß die Ausgaben insgesamt um etwa 15 bis 20 Prozent ansteigen werden[3]. Gleichzeitig wird sich der Anteil der zwanzig- bis sechzigjährigen Beitragszahler von ca. 57 Prozent auf ca. 47 Prozent reduzieren[4].

3 Die durchschnittlichen Gesundheitsausgaben für einen dreißigjährigen Mann betragen laut IGES in Deutschland derzeit 1.886, -- DM pro Jahr, für einen sechzigjährigen Mann 5.627,-- DM pro Jahr.

4 Prof. Axel Börsch-Supan

Der anhaltende Anstieg der Kosten wird häufig mit den Erfordernissen des medizinisch-technischen Fortschrittes begründet (vgl. z.B. Schwarz, 1987). Als Beleg werden in der Regel die Erfolgszahlen neuer Behandlungstechniken angeführt: Zwischen 1991 und 1994 hat sich beispielsweise die Anzahl von Linksherz-Kathetermeßplätzen von 210 auf 306 erhöht; dies entspricht einer durchschnittlichen jährlichen Zuwachsrate von 13,4 Prozent. Noch höher waren die Steigerungsraten für Computertomographen mit 19,5 Prozent, für Kernspintomographen mit 28,8 Prozent sowie für Positronen-Emissionstomographen mit 47,2 Prozent. Angestiegen ist nicht nur die Anzahl der im Einsatz befindlichen Geräte, sondern in einem noch viel stärkeren Ausmaß auch die Nutzungsintensität (vgl. Deutsche Krankenhausgesellschaft)[5].

So illustrativ diese Daten auch sein mögen, zur Resignation besteht kein Anlaß. In der neueren Medizingeschichte gibt es zahlreiche Beispiele für Innovationen, die nicht nur zu besseren therapeutischen Ergebnissen, sondern auch zu deutlich niedrigeren Behandlungskosten führten. Erwähnenswert sind insbesondere die Bekämpfung von Polio durch Impfungen, die Einführung der Vorsorgeuntersuchungen für Schwangere oder die ambulante Behandlung von psychiatrischen Patienten mit Psychopharmaka. Angesichts dieser Leistungssprünge bei Qualität und Kosten wäre es falsch, den medizinischen Fortschritt generell als Kostentreiber abzustempeln. Vielmehr gilt es, verstärkt Anreize für produktive Innovationen zu schaffen. Es muß gewährleistet sein, daß medizinisch notwendige Leistungen auch in Zukunft zu vertretbaren Kosten erbracht werden können. Für den behandelnden Arzt muß es auch finanziell attraktiv sein, in jedem Einzelfall die Indikation kritisch zu prüfen und die Therapieleistung so effizient wie möglich zu gestalten. Andernfalls riskieren wir eine Verschlechterung der Versorgungsqualität und/oder eine Rationierung von Leistungen - zwei gleichermaßen unerwünschte Entwicklungen.

Soweit sich absehen läßt, konnten die bisher verfolgten Ansätze zur Ausgabenbegrenzung nur wenig dazu beitragen, die Ineffizienzen in der Leistungserbringung zu beseitigen. Dies wird bei einem Produktivitätsvergleich zwischen dem deutschen und dem amerikanischen Gesundheitssystem deutlich. In den Vereinigten Staaten ist die Produktivität medizinischer Betreuung - gemessen als Verhältnis von Faktoreinsatz zu erzieltem Ergebnis - insgesamt größer als in der Bundesrepublik (vgl. McKinsey Global Institute, 1996). Pro Kopf der Bevölkerung geben die Vereinigten Staaten zwar absolut betrachtet mehr für die Gesundheitsversorgung aus als die Bundesrepublik, diese Mehrausgaben resultieren jedoch im wesentlichen aus den höheren Ärzteeinkommen und den höheren Verwaltungskosten in den USA (Schaubild 3).

5 Deutsche Krankenhausgesellschaft, Bruckenberger und Länderumfrage des Krankenhausausschusses der Arbeitsgemeinschaft LMB

Schaubild 3

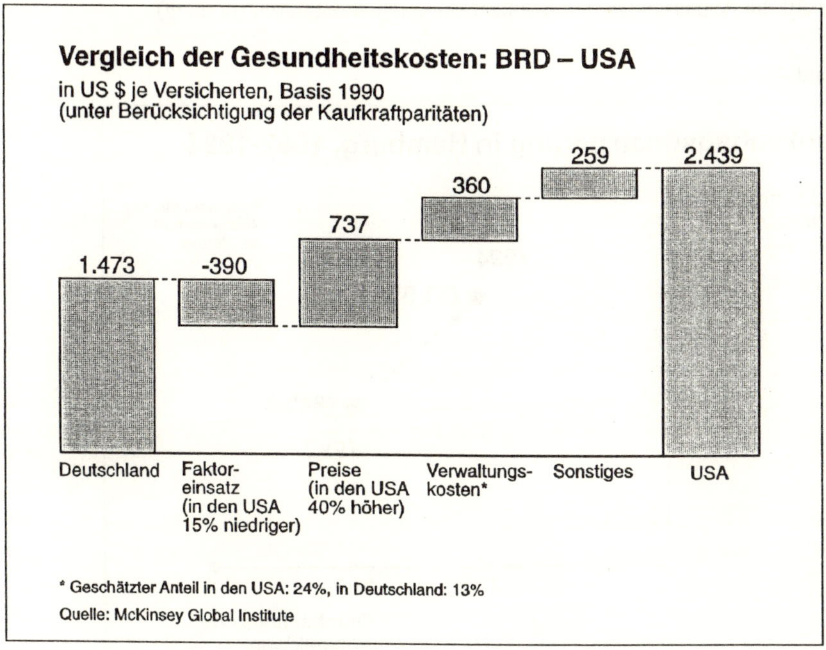

1.1 Ineffizienzen in der Leistungserbringung

Die Effizienzmängel im deutschen Gesundheitswesen lassen sich vor allem auf zwei Ursachenquellen zurückführen: historisch gewachsene, starre Versorgungsstrukturen sowie unzureichende Anreizsysteme. In der Summe beeinträchtigen sie die Behandlungsqualität und tragen maßgeblich zur unbefriedigenden Kostensituation bei.

Starre Versorgungsstrukturen. In Deutschland gibt es zumindest regional erhebliche Überkapazitäten im stationären Bereich. Mit durchschnittlich 7,1 Akutbetten je 1.000 Einwohner ist das Betreuungsangebot in Krankenhäusern insgesamt fast doppelt so hoch wie in den Niederlanden und bis zu dreimal höher als in Vergleichsregionen der USA. Um die Auslastung sicherzustellen, werden rückläufige Fallzahlen in der Regel durch längere Verweildauern kompensiert - eine Praxis, die jedem Arzt aus seiner Ausbildungszeit im Krankenhaus bekannt ist.

Bezeichnend ist, daß schon bei geringen Veränderungen der Rahmenbedingungen auch gegenläufige Effekte eintreten können. In der Region Hamburg etwa hat sich mit Einführung des Erlösausgleiches die durchschnittliche Verweildauer von 14,7 (1992) auf 13,0 (1994) Tage reduziert. Die durchschnittliche Auslastung sank dabei von 84 auf 81,5 Prozent. Im gleichen Zeitraum stiegen allerdings auch die durchschnittlichen Pflegesätze von 459,05 auf 763,18 DM pro Tag: Die Finanzierung erfolgte jetzt mehr über den Preis und weniger über das Volumen - bedingt durch den Anreiz des Erlösausgleichs

(Schaubild 4). Dieses Beispiel macht deutlich, wie flexibel die Marktteilnehmer im Grunde auf die Anpassungen der Rahmenbedingungen reagieren (können).

Schaubild 4

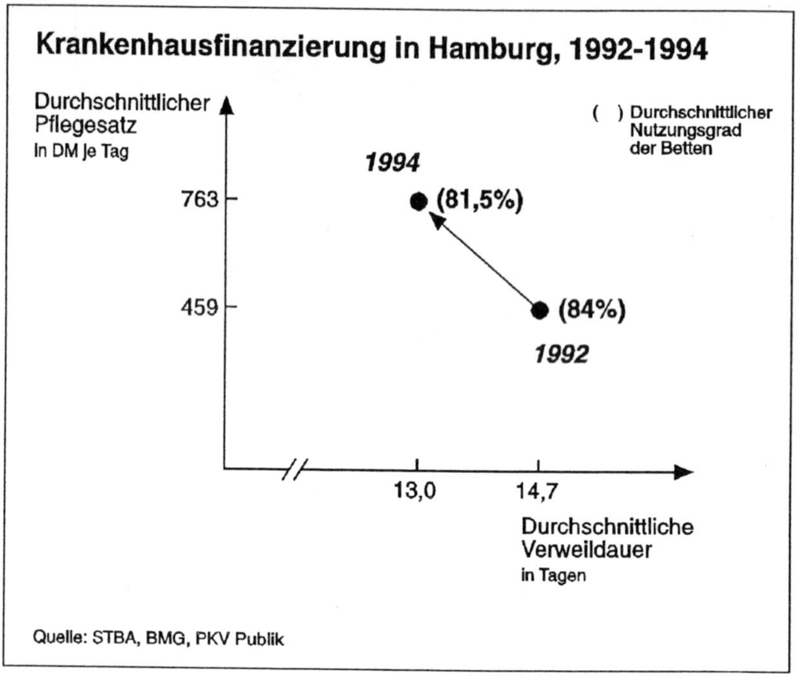

Unzureichende Anreizsysteme. Die niedergelassenen Ärzte verursachen derzeit 17 Prozent der Gesundheitsausgaben in der GKV direkt (1995); darüber hinaus veranlassen bzw. beeinflussen sie weitere 68 Prozent der Ausgaben, ohne daß sie bisher eine entsprechende finanzielle Verantwortung tragen (Schaubild 5).

Schaubild 5

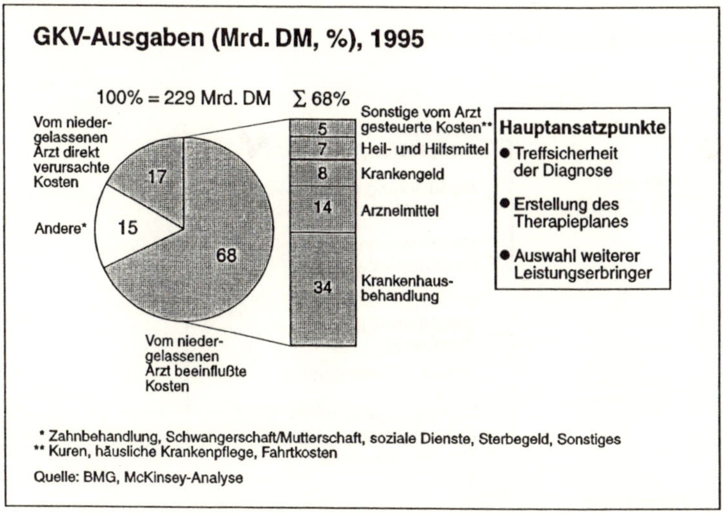

Ein typisches Beispiel ist die Betreuung von Diabetes-mellitus-Patienten: Die Einstellung der Patienten erfolgt häufig noch immer im Krankenhaus, obgleich das häusliche Umfeld im Regelfall die bessere Alternative wäre. Grund dafür sind kontraproduktive Anreize für die Leistungserbringer: Der Betreuungsaufwand ist für den niedergelassenen Arzt relativ hoch und die Vergütung nicht kostendeckend, andererseits ist der Betreuungsaufwand für das Krankenhaus relativ niedrig und der Fall profitabel. Umgekehrt finden auffallend viele arthroskopische Eingriffe im ambulanten Bereich statt - ein Hinweis auf die hohen Deckungsbeiträge, die sich damit für den niedergelassenen Arzt erzielen lassen.

1.2 Schwächen bisheriger Reformansätze

Als Hauptansatzpunkte zur Ausgabensteuerung bieten sich zum einen globale Ausgabenbegrenzung, zum anderen eine mehr individuelle, fallbezogene Ausgabensteuerung an. In der Bundesrepublik konzentrierten sich die verschiedenen Reformbemühungen bisher vor allem auf globale "Kostendeckelung" (Schaubild 6).

Schaubild 6

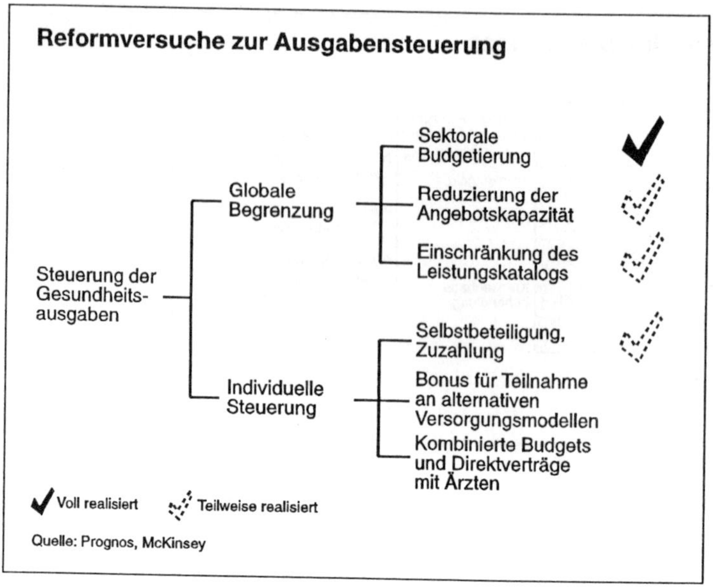

Hauptinstrumente globaler Ausgabenbeschränkung sind - innerhalb des derzeit bestehenden Leistungskatalogs[6] - sektorale Budgetierung und Reduzierung der Angebotskapazitäten. In der Bundesrepublik wurde, besonders nach den ersten Einsparungserfolgen im Arzneimittelsektor, die sektorale Budgetierung deutlich favorisiert. Der Abbau von Angebotskapazitäten wird derzeit im wesentlichen nur diskutiert, konkrete Maßnahmen sind allenfalls sporadisch erfolgt.

Sektorale Budgetierung. Durch Einführung einer festen Budgetvorgabe konnten in den alten Bundesländern die GKV-Ausgaben für Arzneimittel von 27.084 Mio. DM (1992) auf 21.813 Mio. DM (1993) reduziert werden.[7] Ausschlaggebend für diesen kurzfristigen Kostendämpfungserfolg, der allerdings durch den neuerlichen Kostenanstieg relativiert wird, waren folgende Faktoren:

- Ein "wasserdichtes" Budget
- Die erwogene Beteiligung der niedergelassenen Ärzte am finanziellen Risiko im Falle einer Budgetüberschreitung

6 Vieldiskutiert und politisch heftig umstritten sind die Versuche, bestimmte Leistungen als "Luxusleistungen" zu deklarieren und damit aus der solidarischen Finanzierung durch die gesetzliche Krankenversicherung auszuschließen. Häufig genannte Beispiele sind Kuren, Zahnersatz, Abtreibung und In-vitro-Fertilisation. Es bleibt zu klären, ob durch derartige Maßnahmen größere Summen eingespart werden können, da erfahrungsgemäß ältere und chronisch kranke Patienten den Großteil der Gesundheitsausgaben verursachen.

7 Vgl. BMG, 1995, S. 299. 1994 schnellten die Arzneimittelausgaben bereits wieder auf 22.889 Mio. DM hoch.

- Professionelles Management auf seiten der Pharmaunternehmen, was ihnen ermöglichte, mit neuen Markt-/Wettbewerbsstrategien flexibel auf die veränderte ökonomische Situation zu reagieren.

Die drei Faktoren wären jedoch wirkungslos geblieben ohne einen funktionierenden Markt mit guter Datentransparenz und echtem Wettbewerb. Gerade diese Grundvoraussetzungen müssen für die übrigen Sektoren des Gesundheitswesens erst noch geschaffen werden. Nur dann hat die Einführung von Budgetierungsansätzen Aussicht auf dauerhaften Erfolg.

- *Marktinformation und -transparenz.* Wie in keinem anderen Bereich wird in der Medizin jede Prozedur einzeln dokumentiert. Trotz der damit vorhandenen potentiell riesigen Datenbasis gibt es so gut wie keine Informationen über die erzielten Ergebnisse. Dies liegt zum einen an fehlenden Instrumenten - die erforderlichen Meßverfahren sind methodisch erst in Ansätzen verfügbar. Zum anderen aber auch an im internationalen Vergleich rigiden Datenschutzauflagen: Wie sie heute formuliert sind, lassen die bundesdeutschen Datenschutzbestimmungen keine systematische Auswertung von Behandlungsmustern zu, nicht einmal bei Anonymisierung sämtlicher patientenbezogener Daten. Damit fehlen nicht nur den Patienten, sondern auch den Ärzten wichtige Vergleichsmöglichkeiten. Ohne sie ist eine wirkungsvolle Beteiligung der Ärzte an den Einsparungsprogrammen kaum zu erreichen. Vordringlich ist deshalb die systematische Zusammenführung, Auswertung und Bereitstellung aussagekräftiger Diagnose- und Therapieinformationen unter strikter Wahrung der Vertraulichkeit und Anonymität der Daten. Insbesondere die zu "Neuen Gesundheitsunternehmen" zusammengeschlossenen Arztgruppen würden sich dazu eignen, solche Daten zu sammeln und aufzubereiten.
- *Wettbewerb zwischen den Leistungserbringern.* Durch die bisherigen Maßnahmen - Festschreibung der Krankenhausausgaben auf dem Niveau von 1995 und gleichmäßige Aufschlüsselung des verfügbaren Gesamtbudgets auf die einzelnen Krankenhäuser - werden gerade jene Leistungserbringer bestraft, die sich bereits in der Vergangenheit erfolgreich um Kostenreduktion bemüht haben. Dagegen bekommen Kliniken, die bisher nicht auf Kosten geachtet haben, eine unverdiente Belohnung in Form eines höheren und - gemessen am Leistungsstand sparwilliger Krankenhäuser - überhöhten Anteils am Gesamtbudget. Außerdem haben die Krankenkassen kaum Möglichkeiten, ihre Verträge mit den einzelnen Krankenhäusern leistungs- und situationsgerecht zu gestalten. Insbesondere ist ihnen verwehrt, Vertragsbeziehungen mit leistungsschwachen Krankenhauspartnern abzulehnen. In der Summe führt dies zu einer Benachteiligung gerade der exzellenten Kliniken, da die bestehenden Strukturen zu ihren Ungunsten zementiert werden.

Beseitigen läßt sich die systembedingte Fehlsteuerung nur durch die Etablierung von Wettbewerbsmechanismen. Grundvoraussetzung hierfür sind: (1) erweiterte Vertragsfreiheit zwischen Versicherern und Leistungserbringern sowie unter den Leistungserbringern selbst; (2) produktivitäts- und qualitätsorientierte Anreizsysteme für die Leistungserbringer.

Solange diese Voraussetzungen nicht erfüllt sind, erscheint - außerhalb des Arzneimittelsektors - die Einführung von Budgetierungsansätzen auf Dauer wenig erfolgversprechend. Im stationären Bereich drohen Leistungsabbau und Risikoselektion, im ambulanten Sektor ist mit einem Anstieg nicht indizierter Leistungen sowie einem Abschieben komplexer Fälle in den stationären Bereich zu rechnen. Um solchen Entwicklungen vorzubeugen, müssen innerhalb der vorgegebenen Budgets Anreize zur kontinuierlichen Verbesserung der Behandlungsprozesse geschaffen werden. Nur so lassen sich die Beteiligten zu einem effizienteren Einsatz der knappen Ressourcen bewegen.

Reduzierung der Angebotskapazität. Als Hauptinstrument zur Angebotssteuerung steht im stationären Sektor derzeit die Bettenbedarfsplanung zur Verfügung. Gezielt eingesetzt, könnte sie - noch besser wäre eine Fallzahlplanung - einen wertvollen Beitrag nicht nur zur Kostensenkung, sondern auch zur Qualitätsverbesserung leisten. Bisher wird sie jedoch kaum effektiv genutzt.

Sofern in Regionen mit Überkapazitäten überhaupt ein Abbau von Krankenhausbetten geplant ist, werden nur in Ausnahmefällen überzählige Krankenhäuser komplett geschlossen; angestrebt wird in der Regel lediglich ein flächendeckendes Ausdünnen von Kapazitäten. Auf diese Weise läßt sich aber kein nennenswerter Kostenabbau erreichen, da die Fixkosten unberührt bleiben und selbst variable Kosten nur schwer zu beeinflussen sind.

Auch die Versorgungsqualität läßt sich kaum verbessern. Denn unterkritische Fallzahlen je Krankenhaus erlauben weder einen ausreichenden Fähigkeitsaufbau noch die gezielte Spezialisierung und Konzentration auf exzellent beherrschte Kernleistungen. Wie Praxiserfahrungen immer wieder bestätigen, besteht ein eindeutiger Zusammenhang zwischen hoher Versorgungsqualität und hoher Fallzahl. Die Behandlung durch routinierte Spezialisten ist nicht nur zügiger und kostengünstiger, sondern auch mit deutlich weniger Komplikationen und sehr viel besseren langfristigen Therapieergebnissen verbunden (vgl. Showstack, 1987; Marwick, 1992). Kostensenkung und Qualitätsverbesserung im Krankenhaus sind deshalb kein Gegensatz - vielmehr bedingen sie einander oft gegenseitig.

2 *Managed Care: Hohe Behandlungsqualität zu niedrigeren Kosten durch aktive Leistungssteuerung*

Managed-Care-Konzepte konnten in den Vereinigten Staaten, wo immer sie eingeführt wurden, wesentlich zur Senkung der Kosten des Gesundheitssystems beitragen. In Südkalifornien beispielsweise - mit seinem weit überdurchschnittlichen Anteil an HMO[8]-Versicherten - sanken die Gesundheitsausgaben zwischen 1994 und 1995 um 5,2 Prozent, während sie im US-Durchschnitt gleichzeitig um 4,8 Prozent anstiegen (vgl. o.V., 1996, S. 130).

Besonders augenfällig ist die Dämpfung der Nachfrage nach Krankenhausleistungen. Bei Medicare-Patienten (Rentner) konnte in den Vereinigten Staaten die Anzahl der Krankenhaustage je 1.000 Versicherte von 2.900[9] auf 960[10] reduziert werden, bei Privatversicherten (Berufstätige) von 480 auf 130. Parallel dazu gelang es, das Bettenan-

8 Health Maintenance Organizations (HMOs) sind Unternehmen, die Managed-Care-Instrumente anwenden. Sie beschäftigen entweder selbst Ärzte im Angestelltenverhältnis oder arbeiten exklusiv mit ausgewählten Leistungserbringern zusammen.

9 US-Durchschnitt; HMO Industry Profile (1993 Edition), Group Health Association of America

10 Medical Leadership Council

gebot zu senken. In der Region Minneapolis/St. Paul etwa ging die Anzahl der Krankenhausbetten binnen zwölf Jahren von 9.188 um 34 Prozent auf 6.076 zurück[11]. Auch die Qualität der medizinischen Versorgung wird durch Managed-Care-Ansätze nicht beeinträchtigt. So hatte die Einführung des Fallpauschalensystems keinerlei negative Auswirkungen auf die Sterblichkeitsraten in US-Krankenhäusern, wie eine Analyse von fünf ausgewählten Erkrankungen bei 14.000 Medicare-Patienten ergab[12]. Zu einer positiven Beurteilung der Versorgungsqualität von HMOs kam auch das Rand Health Experiment (Vgl. Baumann, M./Stock, J., 1996).

Nicht weniger eindrucksvoll ist der Markterfolg von Managed-Care-Ansätzen in den USA. Waren 1986 noch lediglich 14 Prozent der Versicherten Teilnehmer an Managed-Care-Programmen, so waren es 1996 bereits 115 Mio. oder knapp 55 Prozent aller Versicherten. Gleichzeitig ist der Anteil traditioneller Versicherungsformen ("Indemnity") von 86 Prozent auf 45 Prozent zurückgegangen (Schaubild 7).

Managed Care darf allerdings nicht als ein geschlossenes System von Krankenversicherungsangeboten verstanden werden. Vielmehr handelt es sich um eine Sammlung sehr unterschiedlicher Instrumente, die sowohl von Versicherern als auch von Ärzten, Krankenhäusern und anderen Beteiligten im Gesundheitswesen eingesetzt werden können. Worin die Charakteristika der verschiedenen Organisationsformen, operativen Maßnahmen, Anreizsysteme und Vertragsmodelle bestehen und inwiefern sie sich auf die Verhältnisse in Deutschland übertragen lassen, wird im folgenden dargestellt.

Schaubild 7

Marktstruktur Krankenversicherungen, USA 1996

in Prozent

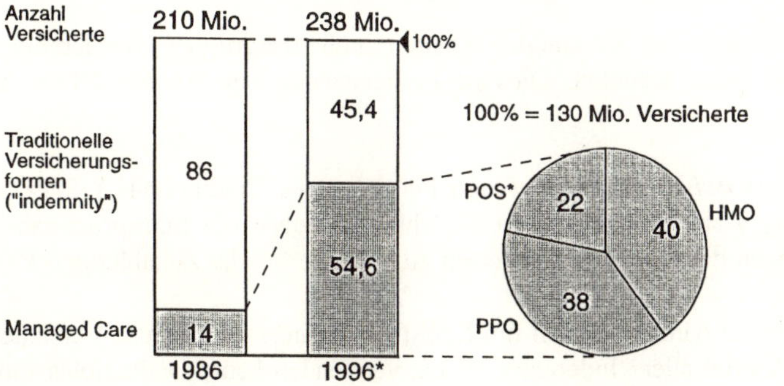

* Schätzung

Quelle: Foster Higgins, Health Insurance Associates of America, Blue Cross-Blueshield Ass., Employee Benefits Research Inst., Health Care Financing Administration, Kaiser Family Foundation

11 Minnesota Managed Care Review, 1995.

12 Vgl. Kahn, et al., 1990. Untersucht wurden: Herzinsuffizienz, akuter Myokardinfarkt, Pneumonie, apoplektischer Insult sowie Femur-Fraktur.

Ziel von Managed Care ist die Verbesserung der Behandlungsqualität bei niedrigeren Kosten - durch aktive Steuerung und Koordination der Leistungserbringung im Bezugssystem Arzt - Versicherter - Versicherer. Managed-Care-Instrumente setzen bei der Vertragsgestaltung zwischen Versicherer und Arzt bzw. zwischen Versicherer und Versichertem, aber auch bei der Gestaltung des Behandlungsprozesses selbst an.

Vertragsgestaltung zwischen Versicherer und Arzt. Hier finden sich alle Übergänge zwischen Einzelleistungsvergütung ("Fee for service") und Kopfpauschale ("Capitation"): Im ersteren Fall wird jede einzelne ärztliche Leistung direkt abgerechnet, im letzteren erhält der Arzt einen festen Betrag je Versicherten - ohne Berücksichtigung von Art und Häufigkeit der tatsächlich erbrachten Leistungen. Entscheidend ist, daß sämtliche Leistungen, einschließlich der vom Arzt indirekt beeinflußten Ausgaben (z.B. für Krankenhausleistungen), in die Kalkulation einbezogen werden. Kopfpauschalensysteme eignen sich vorzugsweise für Ärztegruppen; für einzelne Ärzte wäre das statistische Risiko eines unterjährigen Einnahmeausfalls zu hoch.

"Capitation"-Modelle waren bisher besonders an der amerikanischen Westküste verbreitet; mittlerweile sind sie auch in den übrigen Regionen der Vereinigten Staaten anzutreffen. Sie bieten den teilnehmenden Ärzten die Chance, sich der engmaschigen operativen Steuerung durch HMOs zu entziehen und gleichwohl eine sehr kostengünstige Behandlung sicherzustellen. Gerade bei der Behandlung durch Spezialisten scheinen sich "Capitation"-Modelle zunehmend durchzusetzen.

Eine Sonderform von "Capitation" ist die Bezahlung des Arztes über ein Fixgehalt. In diesem Fall ist der behandelnde Arzt Angestellter der Managed-Care-Organisation; sie erhält dadurch sehr weitreichenden Einfluß auf die Gestaltung des Behandlungsprozesses.

Umgekehrt finden sich in den Vereinigten Staaten auch Arztgruppen, die Krankenversicherungsprodukte selbst anbieten. Dies ist beispielsweise bei Provider-PPOs üblich.[13]

Vertragsgestaltung zwischen Versicherer und Versichertem. Traditionelle US-Versicherungen ("Indemnity") sind bestrebt, über Zuzahlungsmodelle die Inanspruchnahme medizinischer Leistungen durch ihre Versicherten zu steuern. Solche Zuzahlungen können sein:

- *Deductibles.* Hierbei handelt es sich um Selbstbehalt-Angebote für die Versicherten. Etwa drei Viertel aller "Indemnity"-Pläne verwenden heute Deductibles - mit steigender Tendenz.
- *Copayments.* Bei diesen Modellen übernimmt der Versicherer die Kosten, wenn die Behandlungskosten den Selbstbehalt überschreiten; allerdings nicht unbedingt in voller Höhe. Ende der achtziger Jahre hatten 75 Prozent der Versicherten individuelle Zuzahlungen von 20 Prozent oder mehr zu tragen.

---

13 Eine Provider-PPO ist eine Preferred-Provider-Organization, die von Leistungsanbietern gegründet wurde bzw. geführt wird. PPOs können sehr unterschiedliche Formen annehmen. Von HMOs unterscheiden sie sich vor allem dadurch, daß der Versicherte in seiner Arztwahl meist weniger eingeschränkt ist.

Im Gegensatz zu den "Indemnity"-Versicherern verfügen Managed-Care-Organisationen inzwischen über ein reichhaltiges Instrumentarium zur Beeinflussung von Versicherten und Ärzten, so daß sie auf Zuzahlungen weitgehend verzichten können. In klassischen HMOs sind Copayments - abgesehen von einer geringen Pauschale, z.B. 5 US-Dollar pro Visite - unüblich, solange der Patient die ihm angebotenen Ärzte aufsucht. Damit sind HMOs für den Versicherten natürlich finanziell sehr attraktiv. Erst wenn er sich, entgegen der Empfehlung seiner Managed-Care-Organisation, von anderen Leistungsanbietern behandeln läßt, hat er einen Teil der Kosten selbst zu tragen. Diese Beteiligung kann dann allerdings leicht eine Größenordnung von 50 Prozent erreichen.

Operative Maßnahmen zur Optimierung des Behandlungsprozesses. Managed-Care-Organisationen wenden in unterschiedlichem Ausmaß auch operative Maßnahmenprogramme an, die jeweils spezifische Ziele verfolgen. Die wichtigsten sind:

- *"Preadmission Certification"*, mit dem Ziel, unnötige Krankenhauseinweisungen zu vermeiden. Vertrauensärzte der Managed-Care-Organisation überprüfen und genehmigen jeweils die Krankenhauseinweisung, sofern es sich nicht um einen Notfall handelt.
- *"Concurrent Review" und "Discharge Planning"*, mit dem Ziel, die Verweildauer zu verkürzen. Eine speziell ausgebildete Krankenschwester kontrolliert die Abläufe im Krankenhaus und bereitet die Entlassung in die poststationäre Betreuung vor.
- *"Retrospective Review" und "Physician Profiling"*, mit dem Ziel, Ansätze zur weiteren Qualitätsverbesserung zu identifizieren bzw. das Therapieverhalten nachhaltig zu beeinflussen. Dazu werden Leistungsdaten und Behandlungsergebnisse der beteiligten Ärzte systematisch erfaßt, ausgewertet und an die einzelnen Ärzte zurückgespielt.

Ergänzt werden diese Maßnahmenprogramme in der Regel durch das Angebot professioneller paramedizinischer Serviceleistungen: die Organisation häuslicher Pflege, Suchtentwöhnungsprogramme, medizinischer Telefonservice für Versicherte etc. Ärztliche Therapieleistungen sollen damit unterstützt und abgerundet werden.

2.2 Übertragbarkeit von Managed-Care-Instrumenten

Im Prinzip lassen sich viele Managed-Care-Instrumente auch auf das deutsche Gesundheitswesen übertragen. Mit ihrer Hilfe können zentrale Schwachstellen des deutschen Systems gezielt angegangen werden (Schaubild 8). Die wichtigsten Ansatzpunkte sind:

Übernahme der Controlling-Verantwortung durch den niedergelassenen Arzt. Die Betreuung des Versicherten durch den niedergelassenen Arzt steht in der Regel am Anfang und am Ende des gesamten Behandlungsprozesses. Von der Treffsicherheit seiner Diagnose, der Erstellung des Therapieplanes und der Auswahl weiterer Leistungserbringer werden nicht nur die Behandlungsqualität, sondern auch die Kosten der Leistungserbringung bestimmt. Damit ist der niedergelassene Arzt wie kein anderer in der Lage, die Controlling-Verantwortung wahrzunehmen, d.h. eine qualitativ hochwertige und zugleich kostengünstige Behandlung sicherzustellen. Managed Care bietet hierzu unterschiedliche Lösungsansätze an.

In *"Gatekeeper"*-Modellen steuert der Allgemeinarzt den Zugang der Patienten zu Spezialärzten und Krankenhäusern.[14]

In *"Risk-Sharing"*-Modellen übernehmen Ärzte eine direkte Budgetverantwortung für die Behandlung.[15] Dafür bieten sich Fallpauschalen, Bonus-Malus-Systeme und Kopfpauschalen an.

- *Fallpauschalen.* Feste Vergütungssätze für ausgewählte Leistungskomplexe lassen sich nicht nur im stationären, sondern auch im ambulanten Bereich erfolgreich nutzen: Wirksam sind sie vor allem bei ambulanten Operationen, z.B. Katarakt-Operationen. Mit ihrer Hilfe ist es möglich, sämtliche prä-, intra- und postoperativen Leistungen zusammenzufassen und gemeinsam mit den Kosten für Praxisbedarf und sonstigem Material, z.B. Implantaten, in toto abzurechnen. Um eine Mengenausweitung zu vermeiden, müssen nicht nur die Indikationsgebiete exakt definiert, sondern auch begleitende Maßnahmen zur Dokumentation und Qualitätssicherung vorab verbindlich festgelegt werden.

---

14 "Gatekeeper"-Ärzte müssen natürlich einen entsprechend hohen Ausbildungsstand nachweisen. Dies ist bei amerikanischen "Primary Care Physicians" in der Regel auch der Fall; häufig handelt es sich um Internisten.

15 Das Krankenversicherungsrisiko läßt sich grundsätzlich in vier Teilkomponenten aufgliedern: Ereignisrisiko, Preisbildungsrisiko, Klinisches Risiko, Finanzrisiko. Wesentliches Anliegen von "Risk-Sharing"-Modellen ist es, die einzelnen Risikokomponenten jeweils an die Teilnehmer zu transferieren, die sich am besten eignen, das fragliche Risiko zu übernehmen und zu managen. Vgl. Shapiro, 1996.

Schaubild 8

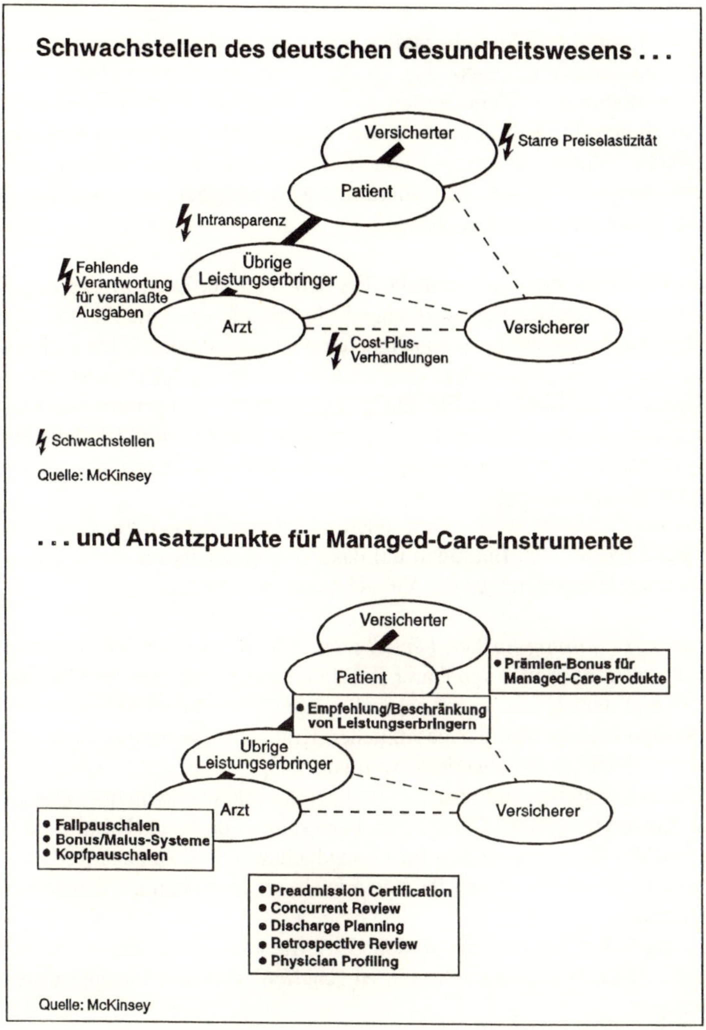

Testversuche mit Fallpauschalen werden mittlerweile auch in einzelnen deutschen Pilotregionen unternommen, z.B. im Rahmen des KODEX-Modells von KV und AOK Berlin. Einschränkend ist allerdings festzuhalten, daß ambulante Operationen nur einen verhältnismäßig kleinen Ausgabenblock darstellen. Auf die große Mehrzahl nicht exakt vorab definierbarer ambulanter Leistungen läßt sich der Fallpauschalenansatz allenfalls in modifizierter Form anwenden.

- *Bonus-Malus-Systeme.* Mit ihrer Hilfe lassen sich bei veranlaßten Therapiemaßnahmen Budgetunterschreitungen belohnen und Budgetüberschreitungen sanktionieren. Bonus-Malus-Regelungen werden derzeit im Rahmen des Hamburger Modellversuches HIPPOKRATES getestet. Die beteiligten Ärzte erhalten einen

Bonus, falls sie durch ihre Leistungen zu Einsparungen im stationären Bereich beitragen.

- *Kopfpauschalen.* "Capitation"-Modelle stellen bisher den umfassendsten und konsequentesten Kostendämpfungsansatz dar, da die beteiligten Ärzte mit der Hinnahme eines Kostenbeitrags je Versicherten einen großen Teil des Versicherungsrisikos mit übernehmen. In Deutschland werden "Capitation"-Ansätze im Rahmen des Modellversuchs "Vernetzte Praxen" von BKK und KV Berlin verfolgt; aufgrund der Gesetzeslage ist es zur Zeit allerdings nicht möglich, den beteiligten Ärzten einzelne Versicherte fest zuzuordnen.

Unterstützung des Patienten bei der Arztwahl. US-Patienten verfügen in der Regel weder über die Sachkenntnis noch über ausreichende Informationsmöglichkeiten, um den für ihre Gesundheitsprobleme am besten geeigneten Arzt gezielt auswählen zu können. Sie sind deshalb bereit, bei der Arztwahl auf externe Beratung und Unterstützung zurückzugreifen. Managed Care bietet hierfür sehr unterschiedliche Instrumente an. Das Spektrum reicht von generellen Zugangsbeschränkungen über "Gatekeeper"-Modelle bis hin zu Versicherungsmodellen, die eine uneingeschränkte Arztwahl erlauben - bei jeweils differenzierter Prämiengestaltung.

Wie Beispiele aus der Schweiz zeigen, sind auch in Europa Versicherte durchaus gewillt, bei entsprechend reduzierten Beiträgen auf das Privileg der freien Arztwahl zu verzichten und den Auswahlempfehlungen der Versicherungen zu folgen.

Differenzierte Prämiengestaltung für den Versicherten. Für die meisten Versicherten in Deutschland besteht zur Zeit kein erkennbarer Zusammenhang zwischen der Gestaltung der Beitragssätze und dem Umfang in Anspruch genommener Therapieleistungen, da die anfallenden Kosten jeweils von der gesetzlichen Krankenversicherung ohne nähere Information für den Versicherten abgedeckt werden.

Auch Selbstbeteiligungsmodelle - in Form von Deductibles und Copayments - eignen sich nur bedingt zur Kostendämpfung. Gerade zur Versorgung chronisch Kranker, die einen wesentlichen Teil der Gesamtausgaben im Gesundheitswesen ausmachen[16], kommen sie kaum in Betracht, da sie für solche Patienten leicht zu untragbaren finanziellen Belastungen führen können.

Als sehr viel wirkungsvoller hat es sich - in den USA wie auch in der Schweiz - erwiesen, für Versicherte einen finanziellen Anreiz zu schaffen, sich an Managed-Care-Programmen zu beteiligen.

Mehr Transparenz für den Versicherer. Im Gegensatz zu traditionellen Krankenversicherungen sind Managed-Care-Organisationen imstande, Therapiemaßnahmen zu verfolgen und zu bewerten. Dazu haben sie spezielle Instrumente entwickelt: Neben Concurrent Reviews und Physician Profiling ist hier insbesondere das Disease Management[17] zu nennen.

---

16 Vgl. Zook, 1980.

17 Beim Disease Management wird nicht eine einzelne Krankheitsepisode (z.B. ein Krankenhausaufenthalt) betrachtet, sondern der gesamte Krankheitsverlauf. So kann eine Managed-Care-Organisation z.B. versuchen, durch bessere Schulung von Diabetikern in der Frühphase teure Komplikationen in der Spätphase zu vermeiden.

Diese Instrumente lassen sich allerdings nur erfolgversprechend einsetzen, wenn wesentliche Voraussetzungen erfüllt sind: Dem Versicherer muß es erlaubt sein, über die Gestaltung der Vertragsbeziehungen gezielt auf die Leistungserbringer einzuwirken. Für die Versicherten sollte die Teilnahme an Managed-Care-Programmen konkrete finanzielle Vorteile bieten. Die Leistungserbringer wiederum müssen die Möglichkeit haben, sich so zu organisieren, daß ihre Wettbewerbsfähigkeit gesteigert wird.

3 *Ansatzpunkte zur Weiterentwicklung des deutschen Gesundheitssystems*

Einzelne Managed-Care-Ansätze und -Instrumente lassen sich bereits heute - zumindest in begrenztem Umfang - in Deutschland realisieren. Elementare Formen von Fallmanagement, Therapie-Leitlinien sowie erste Ansätze zu kommunizierenden Budgets - z.B. Bonus-Malus-Regelungen für Ärzte - werden derzeit in Modellversuchen erprobt. Und die Ergebnisse sind z.T. durchaus ermutigend.

Durchschlagende und dauerhafte Verbesserungen lassen sich aber nur erzielen, wenn die regulativen Voraussetzungen geschaffen werden. Dabei sind vier Grundforderungen zu erfüllen:

- Abkehr von einer ausschließlich kollektiven Vertragsgestaltung, um den Wettbewerb zwischen den Leistungserbringern zu stimulieren. Gemeint ist hier ein echter Wettbewerb in den Dimensionen Qualität, Kosten und Service - nicht jedoch ein Wettlauf um Abrechnungspunkte
- Reduktion der Versicherungsbeiträge für die Teilnehmer an Managed-Care-Programmen, wenn diese bereit sind, dafür bestimmte Leistungserbringer bevorzugt aufzusuchen
- Einführung neuer, produktivitäts- und qualitätsorientierter Anreizsysteme, um besonders leistungsfähige und leistungswillige Anbieter gezielt zu fördern
- Anpassung der Datenschutzbestimmungen mit dem Ziel, eine bessere Datenbasis zu Qualität und Kosten der Leistungserbringung zu schaffen.

Mit der Öffnung des deutschen Gesundheitswesens für Managed-Care-Ansätze wird sich das Kräftegleichgewicht nicht notwendigerweise einseitig zugunsten der Versicherer verlagern. Vielmehr ergeben sich auch neue Chancen für die Leistungserbringer. Wie Erfahrungen aus den USA zeigen, können Ärzte, die sich frühzeitig in Gruppen organisieren und ein professionelles Management etablieren, bemerkenswerte Markterfolge erzielen. Mit einem qualitativ hochwertigen Betreuungsangebot können sie neue Patienten hinzugewinnen und zugleich über ein wirkungsvolles Kostenmanagement zu attraktiven Partnern für die Versicherer werden. Professionell organisiert, werden sich solche "Neuen Gesundheitsunternehmen" klare Vorteile verschaffen gegenüber Arztpraxen und Krankenhäusern, die es versäumt haben, sich rechtzeitig auf die veränderten Leistungsanforderungen einzustellen.

3.1 *Perspektiven für die Weiterentwicklung des deutschen Gesundheitswesens*

Kennzeichnend für die heutige Situation sind niedrige Freiheitsgrade bei der Gestaltung der Vertragsbeziehungen zwischen Leistungsanbietern und Versicherern sowie ein insgesamt geringer Grad finanzieller Gesamtverantwortung auf seiten der Leistungsanbieter (Schaubild 9).

Abhängig von der zukünftigen Entwicklung beider Parameter sind unterschiedliche Einführungsszenarien für Managed Care in Deutschland denkbar. Jedes dieser Szenarien skizziert eine spezifische Entwicklungsoption für das deutsche Gesundheitswesen - verbunden mit z.T. gravierenden Einschnitten, jeweils stark abweichenden Rollen für die einzelnen Beteiligten sowie sehr unterschiedlichen ordnungspolitischen Implikationen. Welche Option sich am Ende durchsetzen wird, läßt sich aus heutiger Sicht noch nicht absehen. Die Beantwortung dieser Frage muß der weiteren politischen Diskussion überlassen werden.

Schaubild 9

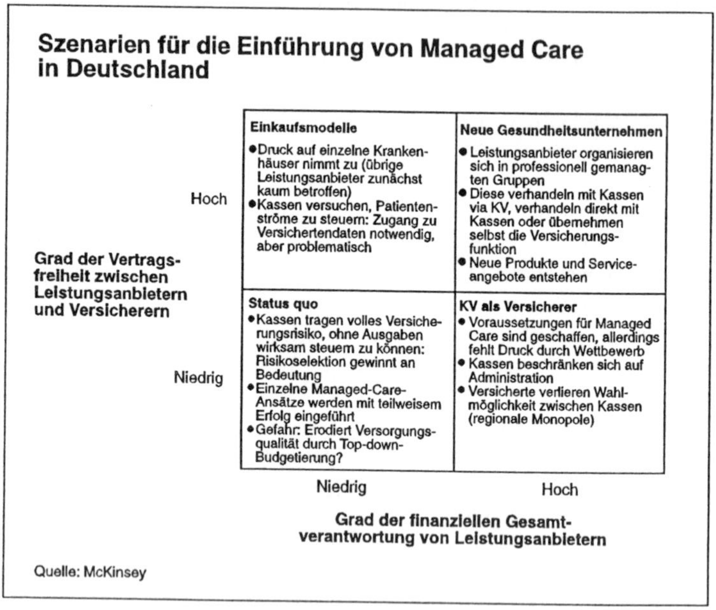

Szenario I: Niedriger Grad der Vertragsfreiheit - niedriger Grad finanzieller Gesamtverantwortung. Wird der regulative Status quo beibehalten, so werden die Krankenkassen auch zukünftig das volle Versicherungsrisiko tragen, ohne ihre Ausgaben wirksam steuern zu können. Als Ausweg könnten sie die Risikoselektion unter den Versicherten forcieren. Ansatzweise werden auch Managed-Care-Konzepte zum Tragen kommen. Offen bleibt, inwiefern bei fortgesetzter sektoraler Budgetierung die bisher hohe Versorgungsqualität aufrecht erhalten werden kann.

Szenario II: Hoher Grad der Vertragsfreiheit - niedriger Grad finanzieller Gesamtverantwortung. Häufig diskutiert werden sogenannte "Einkaufsmodelle", d.h. die Berechtigung der Versicherer, mit Krankenhäusern und niedergelassenen Ärzten jeweils direkt Vertragsbeziehungen einzugehen - oder aber diese abzulehnen. Durch die Einführung derartiger Modelle dürfte insbesondere der Druck auf die weniger effizienten bzw. weniger kooperationswilligen Krankenhäuser stark zunehmen. Die übrigen Leistungsanbieter, insbesondere die niedergelassenen Ärzte werden am Anfang weniger betroffen sein. Mittelfristig dürfte die Steuerung der Patientenströme für die Versicherer an Bedeutung gewinnen - verbunden mit wachsenden Bestrebungen, Zugang zu den Versichertendaten zu erhalten.

Szenario III: Niedriger Grad der Vertragsfreiheit - hoher Grad finanzieller Gesamtverantwortung. In diesem Szenario übernimmt die Ärzteschaft als Ganzes eine stärkere Verantwortung für die von ihr veranlaßten Gesundheitsausgaben; gleichzeitig bleiben die heutigen Formen kollektiver Vertragsbeziehungen weitgehend unberührt. Zu erwarten ist, daß die kassenärztlichen Vereinigungen wesentliche Versicherungsfunktionen selbst übernehmen und zunehmend als Versicherer agieren. Solche Einrichtungen würden sich wahrscheinlich als regionale Anbietermonopole organisieren. Sind diese Unternehmen budgetiert, so können sie wesentlich zur Dämpfung der Ausgabenentwicklung beitragen.

Für ein solches Modell sprechen vor allem zwei Vorteile: Das Problem der Risikoselektion entfällt. Die Verwaltungskosten werden "internalisiert", d.h. die beteiligten Ärzte sind systembedingt gezwungen, einen optimalen Ausgleich zwischen Managementaufgaben und medizinischen Kosten anzustreben.

Ungelöst bleiben jedoch zwei Probleme:

- *Leistungsdefizite durch regionale Anbietermonopole.* Nichts hindert letztlich ein solches Monopol daran, sich ausschließlich auf die Wahrung des verteilungspolitischen Status quo zu kaprizieren und lediglich die Einhaltung der vorgegebenen Gesamtbudgets sicherzustellen - ohne irgendeine Bereitschaft zur innovativen Weiterentwicklung des Versorgungsangebots.
  Der drohenden Verkrustung regionaler Angebotsstrukturen ließe sich möglicherweise mit einem regionenübergreifenden Benchmarking der einzelnen Monopolanbieter entgegenwirken. In einer Art "Best-practice"-Wettbewerb könnte man - zumindest theoretisch - jeweils jene Unternehmen herausstellen, die besonders erfolgreich agieren, und sie entsprechend belohnen - mit dem Ziel, für die anderen ausreichend Anreize zu schaffen, von den besseren zu lernen.
- *"Trittbrettfahrer"-Effekte auf Ebene der Einzelanbieter.* Die kollektive Beteiligung (fast) aller Ärzte einer Region schafft für den einzelnen kaum Anreize, sich eigenverantwortlich für die Verbesserung der Behandlungsprozesse einzusetzen. Eher ist das Gegenteil der Fall: Unterdurchschnittliche Anbieter können am allgemeinen Produktivitätsfortschritt partizipieren, ohne entsprechende Eigenleistungen zu erbringen oder nennenswerte Sanktionen befürchten zu müssen.

Szenario IV: Hoher Grad der Vertragsfreiheit - hoher Grad finanzieller Gesamtverantwortung. Unter diesen Bedingungen werden sich die bisherigen Leistungsanbieter, so ist zu erwarten, in professionell gemanagten Anbietergruppen zusammenschließen. Diese "Neuen Gesundheitsunternehmen" (NGU) verhandeln sowohl untereinander als auch mit den Kassen, entweder über die KV oder direkt. Zumindest längerfristig könnten sie auch selbst Versicherungsfunktionen übernehmen. Damit dürfte neben dem medizinischen auch ein ökonomischer Wettbewerb einsetzen - verbunden mit entsprechenden Vorteilen für die Versicherten.

Allerdings bedarf es begleitender Maßnahmen, um die inhärenten Risiken dieses Modells beherrschbar zu machen:

- *Risikoselektion.* Wenn die NGUs Kopfpauschalen erhalten, besteht für sie ein potentieller Anreiz, "teure" Patienten an andere Unternehmen abzuschieben bzw. medizinisch nicht ausreichend zu versorgen.[18]

Um einer solchen Entwicklung entgegen zu wirken, bieten sich drei komplementäre Lösungsansätze an:

- *Risikostrukturausgleich.* Die NGUs würden in diesem Fall über ein standardisiertes Ausgleichsverfahren für ältere Versicherte mit (entsprechend) erhöhtem medizinischem Versorgungsbedarf jeweils entsprechend höhere Betreuungsbudgets erhalten.
- *Rückversicherung.* Die Behandlung von besonders teuren Patienten könnte aus einem Risiko-Pool finanziert werden, der aus Beiträgen aller beteiligten Leistungserbringer gespeist wird. Damit würde der notwendige ökonomische Anreiz geschaffen, gerade die besonders therapiebedürftigen Patienten frei von Diskriminierung zu behandeln.
- *Kontrahierungszwang und Qualitätssicherung.* Wie bisher würde allen Versicherten ein Rechtsanspruch auf adäquate medizinische Versorgung eingeräumt. Zur Wahrung dieses Anspruchs könnten öffentlich-rechtliche Institutionen als Beschwerdestelle fungieren. Auf diese Weise wäre es möglich, eventuelle Fälle von Patientendiskriminierung zu ahnden und gleichzeitig allgemeine Standards der Qualitätssicherung durchzusetzen.
- *Überversorgung von Problempatienten.* Bei leistungsabhängiger Vergütung - wenn sich beispielsweise das ärztliche Einkommen an der Anzahl betreuter Patienten orientiert - werden die NGU-Ärzte insbesondere um Problempatienten konkurrieren. Dieser Wettbewerb ist zwar sozialpolitisch erwünscht, kann jedoch zur Folge haben, daß die Ärzte auch therapeutisch unnötige Leistungen veranlassen - nur um ihre Problempatienten zufriedenzustellen.

  Um dieses "Gefangenendilemma" zu durchbrechen, bedarf es spezieller Regelungsmechanismen innerhalb der NGU: Beispielsweise könnten sich die beteiligten Ärzte regelmäßig treffen, um schwierige und/oder teure Fälle durchzusprechen. Der so aufgebaute kollegiale Gruppendruck kann am besten der Tendenz zur latenten Überversorgung entgegenwirken.
- *Intransparenz des Angebots.* Nicht auszuschließen ist ein regelloses Ausufern der unterschiedlichsten Versorgungsmöglichkeiten, was für die Versicherten eine letztlich undurchdringliche Angebotsvielfalt schafft. In den USA beispielsweise kann ein Versicherter aus über 1000 Varianten "auswählen". Einem solchen "Wildwuchs" läßt sich am besten durch entsprechende gesetzliche Auflagen begegnen.

3.2 *Einführung neuer Strukturen und Systeme im deutschen Gesundheitssystem*

Ein erster Schritt könnte darin bestehen, die niedergelassenen Ärzte im Rahmen der derzeitigen Strukturen stärker für die von ihnen veranlaßten bzw. beeinflußten Behandlungsleistungen in die Verantwortung zu nehmen. Wirksame Anreize lassen sich in Form von Bonus-Malus-Regelungen für die Unter- bzw. Überschreitung von Ausgaben schaffen; dies gilt gleichermaßen für den stationären wie den ambulanten Bereich.

---

18 In den USA wird das Problem der Risikoselektion dadurch entschärft, daß die Arbeitgeber ihre Mitarbeiter und deren Angehörige jeweils en bloc bei Managed-Care-Organisationen anmelden. Damit werden für diese Versichertengruppe jeweils einheitliche Versorgungsangebote sichergestellt.

Eine gleichmäßige Ausschüttung der Gratifikationen an alle beteiligten Ärzte sollte dabei nach Möglichkeit vermieden werden. Denn in diesem Fall würde für den einzelnen Arzt der Zusammenhang zwischen individueller Leistung und Bonus/Malus nicht hinreichend transparent werden. Unerwünschte "Trittbrettfahrer"-Effekte lassen sich so nicht ausschließen.

Außerdem sollten die Anreizsysteme nicht zu sehr auf den Einzelarzt zugeschnitten werden, da die vom einzelnen niedergelassenen Arzt veranlaßten Patientenausgaben von einem Jahr auf das nächste extrem schwanken können. Als Lösung bietet sich vielmehr an, daß sich niedergelassene Ärzte in Gruppen organisieren, die einerseits groß genug sind, um das finanzielle Risiko für jeden Beteiligten erträglich zu gestalten, und andererseits hinreichend klein sind, um Eigenverantwortung und Transparenz innerhalb der Gruppe noch zu gewährleisten (Schaubild 10).

Auf längere Sicht könnte dies zur Herausbildung neuer Versorgungsstrukturen und neuer Vergütungsformen führen. In diesem Fall zahlt der Versicherer direkt - oder indirekt über die KV - Kopfpauschalen je Versicherten[19] an Gruppen von Leistungserbringern, die damit eine durchgängige Budgetverantwortung für das ihnen übertragene Versichertenkollektiv erhalten. Zu denken ist hier beispielsweise an Netzwerke von niedergelassenen Ärzten, die sich dem Management professioneller Dienstleister anvertrauen. Solche Gruppen schließen dann ihrerseits wiederum Verträge mit Versicherern, Krankenhäusern, Pflegeeinrichtungen usw. Daneben sind weitere Varianten möglich, z.B. integrierte Verbünde zwischen Krankenhäusern und Arztpraxen.

Schaubild 10

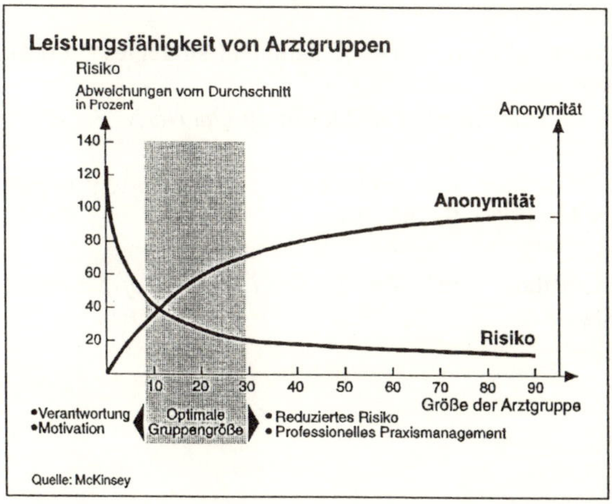

Von entscheidender Bedeutung ist, daß diese "Neuen Gesundheitsunternehmen" untereinander im Wettbewerb stehen. Damit sind sie gezwungen, ihre Leistungen in hoher Qualität anzubieten und gleichzeitig ihre Kosten konsequent zu begrenzen.

19 Beispielsweise entsprechend den bereits heute existierenden Normerlös-Tabellen.

Literaturverzeichnis

Baumann, Manfred,/Stock, Johannes, *Managed-Care - Impulse für die GKV?*, Basel/ Köln 1996.

Bundesministerium für Gesundheit (BMG) (Hrsg.), *Daten des Gesundheitswesens*, Bonn 1995.

Deutsche Krankenhausgesellschaft, Bruckenberger und Länderumfrage des Krankenhausausschusses der Arbeitsgemeinschaft LMB

Donelan et al., „Whatever happened to the health insurance crisis in the United States? Voices from a national survey", *JAMA*, October 23/30 (1996), S. 1346-1350.

HMO Industry Profile (1993 Edition), Group Health Association of America.

IW (Institut der deutschen Wirtschaft Köln) (Hrsg.), *Zahlen zur wirtschaftlichen Entwicklung der Bundesrepublik Deutschland*, Köln 1996.

Kahn, K.L. et al, "Comparing outcomes of care before and after the implementation of the DRG-based prospective payment system", *JAMA*, October 17 (1990), S. 1995-1996.

Marwick, C., "Using high-quality providers to cope with today's rising healthcare costs", *JAMA*, October 28 (1992), S. 2142-2145.

McKinsey Global Institute, *Health Care Productivity*, Los Angeles 1996.

Medical Leadership Council

Minnesota Managed Care Review (1995)

o.V., „Heal yourself. The economics of health care", *The Economist*, 9. November 1996, S. 27-30.

OECD (Hrsg.), *OECD Health Data 1996*, Comparative Analysis of Health Systems for Windows.

Schwarz, W.B., "The inevitable failure of current cost containment strategies", *JAMA*, April 17 (1987), S. 2029-2030.

Shapiro M. et al, "Managing risk in healthcare", *The McKinsey Quarterly*, 3 (1996), S. 95-105.

Showstack, J. et al, "Association of volume with outcome of coronary artery bypass graft surgery", *JAMA*, February 13 (1987), S. 785-789

The Universal Healthcare Almanac, 1995.

Zook, Ch. J., „High-cost users of medical care", *New England Journal of Medicine*, H. 18, May (1980), S. 996-1002.

Zusammenfassung

Der bisher verfolgte Ansatz sektoraler Budgetierung hat insgesamt begrenzte Erfolge gezeitigt. Seine konzeptionellen Schwächen zeigen sich vor allem auf der Mikroebene bei der Gestaltung der Leistungsbeziehungen im Dreieck Versicherer - Arzt - Versicherter. Hier können Managed-Care-Instrumente wirkungsvoll zum Tragen kommen. Einige dieser Ansätze, in Pilotanwendungen getestet, können bereits heute im deutschen Gesundheitswesen eingesetzt werden.

Um umfassende Erfolge zu erzielen, sind jedoch weitergehende Reformen erforderlich: Vordringlich sind die Erweiterung der Vertragsfreiheit auf allen Ebenen, die Reduktion der Versicherungsbeiträge für Teilnehmer an Managed-Care-Programmen, die Einführung wirksamer finanzieller Anreizsysteme für die Leistungserbringer im ambulanten und stationären Bereich sowie - nicht zuletzt - das Schaffen von Datentransparenz.

Für die Einführung von Managed-Care-Instrumenten sind unterschiedliche Szenarien denkbar. Es bleibt abzuwarten, wie im Kräftespiel der Interessen die Weichen gestellt werden.

Summary

Imposing sector-specific budget caps has met with limited success. The conceptual weaknesses of this reform are to be found predominantly at the micro-level in the design of the performance-payment relationships in the triangle formed by the insurer - provider - insured. It is here that managed care approaches could have a major impact. Some of these approaches, tested in pilot projects, could conceivably be used in the German health care system today.

For comprehensive success, however, further-reaching reforms are required: The most urgent of these are to increase the freedom of contract at all levels, to reduce insurance contributions for participants in managed care programs, to introduce more effective financial incentive systems for the providers in both the outpatient and hospital sectors, and, last but not least, to create data transparency.

Managed care approaches could be introduced into the German system in a variety of ways. It remains to be seen what direction will be taken as a result of the interplay ofc forces among the participants in the health care system.

Kassenforum

Statement: Managed Care und gesetzliche Krankenversicherung

Manfred Zipperer, Bundesministerium für Gesundheit

Die gesetzliche Krankenversicherung und das deutsche Gesundheitswesen sind dadurch geprägt, daß sich schon von Anfang an Leistungsangebot und Finanzierung in verschiedenen Händen befanden. Historisch erfüllte die GKV ihre Aufgaben schon immer nicht durch eigenes Personal, sondern durch Vertragsleistungserbringer.

Das Monopol der Kassenärztlichen Vereinigungen für die ambulante Behandlung hat zu einem tiefen Graben zwischen dem ambulanten und dem stationären Bereich geführt. Das System der Kollektivverträge führt dazu, daß ohne die Zustimmung der KVen im vertragsärztlichen Bereich keine Veränderungen möglich sind. Die sektoralen Budgetierungen des GSG, die auf zufällig vorgefundenen Basiswerten aufbauten, haben die Sektoren zusätzlich zementiert und die Schnittstellenproblematik erheblich verschärft. Hinzu kommt, daß der Arzt in Deutschland traditionell „Einzelkämpfer" ist und mit paramedizinischen Berufen zu wenig zusammenarbeitet.

Als vorläufiges Résumee kann festgehalten werden, daß das System der GKV kaum Anreize bietet, eine höhere Versorgungsqualität zu möglichst geringen Kosten zu erreichen. Die Erprobungsregelungen des geltenden Rechts in den §§63ff. SGB V können hier nicht helfen, da sie das Beziehungsrecht zwischen Kassen und Leistungserbringern ausdrücklich ausklammern.

Da der Gesetzgeber bis jetzt zurückhaltend war, reagieren die Kassen: Sie bereiten Modelle vor, in denen Ärzte freiwillig zusammenarbeiten, sie versuchen, die Versorgung interdisziplinär besser zu organisieren und nehmen die Steuerung in Form von Case- und Disease-Management selbst in die Hand. Die Kasse spielt zunehmend eine aktive Rolle im Gesundheitswesen, vom Verwalter zum Gestalter. Diese Entwicklung wird durch den Kassenwettbewerb begünstigt.

Managed Care birgt jedoch auch eine Reihe von Gefahren in sich. Managed Care würde eine Beschränkung der freien Arztwahl bedeuten und möglicherweise zu einer Überlagerung der medizinischen Aspekte durch ökonomische führen. Gleichzeitig begünstigt Managed Care eine Standardisierung von Diagnose und Therapie, was negative Einflüsse auf die Therapiefreiheit des einzelnen Arztes haben kann. Unser GKV-System hat die Behandlung jedoch den Ärzten anvertraut, nicht den Krankenkassen.

Die Erprobungsregeln des GRG (Modellprojekte mit wissenschaftlicher Begleitung), also des bisher geltenden Rechts, sind für Modelle von Managed Care nicht geeignet. Daher sind im Gesetz zur Weiterentwicklung der GKV, dem ambulanten Teil der dritten Stufe der Gesundheitsreform, Erprobungsregeln geschaffen worden, die die Erprobung von Managed-Care-Modellen begünstigen. Diese Regelungen sind jedoch - wie das gesamte Gesetz - am Widerstand des Bundesrates gescheitert. Daher sind die nicht zustimmungsbedürftigen Elemente des GKV-Weiterentwicklungsgesetzes in die beiden Neuordnungsgesetze übernommen worden, mit denen die Politik einen neuen Anlauf startet. Das 2. NOG wird Regelungen bezüglich der Erprobungsregelung und darüber hinaus auch Dauerregelungen beinhalten, die neuen Formen der Zusammenarbeit wie Managed-Care-Verträgen eine rechtliche Grundlage geben (sog. Strukturverträge). Strukturverträge sind Verträge der Krankenkassen mit den KVen, die z.B. vernetzte Praxen, das AOK-Hausarztmodell zum Inhalt haben. In diesen Versorgungsformen wird einzelnen Ärzten oder Ärztegruppen Finanzverantwortung für bestimmte Bereiche übertragen, indem die Ärzte ein bestimmtes Budget erhalten, mit dem sie haushalten müssen. Das große Problem besteht darin, das Verhältnis dieses Budgets zu bestehenden Budgets, also Arzneimittelbudget, Vergütungsbudget und zum Krankenhausbereich festzulegen.

Grundsätzlich sollen die Möglichkeiten der Modellgestaltung weit gefaßt werden und nur solche Elemente verbieten, die vom NUB-Ausschuß abgelehnt wurden. Modellvorhaben dürfen z.B. nicht der medizinischen und pharmakologischen Forschung dienen. Von den Vorschriften des vierten Kapitels des SBG V (Beziehungsrecht), vom Krankenhausfinanzierungsgesetz und von Vorschriften, die aufgrund dieser Gesetze erlassen wurden (z.B. Bundespflegesatzverordnung), darf abgewichen werden. Dagegen sind Erprobungsregelungen, die das Arzneimittelvertriebsrecht betreffen, nicht zulässig. Durch die Suspendierung des Leistungserbringerrechts ergibt sich hier schon eine große Gestaltungsfreiheit für die Krankenkassen und die KVen.

Modellvorhaben sind auf acht Jahre befristet. Der Durchsetzung dient ein Quorum: Eine Minderheit von Vertragsärzten kann einen Modellvertrag unter dem Dach der KV erzwingen. Die Modellvorhaben müssen weiterhin die Budgetierungen berücksichtigen und erfordern eine freiwillige Teilnahme von Versicherten und Vertragsärzten.

Es ist jedoch nicht Gegenstand solcher Managed-Care-Modellvorhaben, die Freiberuflichkeit der Ärzte aufzugeben, z.B. durch Schaffung von Eigeneinrichtungen der Krankenkassen zur Versorgung der Patienten. Damit ist auch die Festanstellung von Ärzten in vernetzten Budgets oder die Schaffung poliklinischer Strukturen ausgeschlossen. Weiterhin ist ein zwingender Ausschluß der freien Arztwahl nicht möglich.

Die zwischen Krankenkassen und Gruppen von Ärzten im Rahmen der kassenärztlichen Vereinigung vereinbarten Strukturverträge sind auf Dauer angelegt, wobei die Teilnahme von Ärzten und Versicherten freiwillig ist und deshalb nicht durch ein Schiedsamt erzwungen werden kann. Die Ärzte übernehmen im Verbund eine finanzielle Gesamtverantwortung außerhalb der Budgets, die jedoch entsprechend abgesenkt werden. Einsparungen durch wirtschaftlicheres Verhalten können für Vergütungsverbesserung oder Beitragssatzsenkung an Versicherte oder Ärzte weitergegeben werden.

Ich kann mir vorstellen, daß diese Regelungen einen ausreichenden Rahmen und eine ausreichende rechtliche Grundlage dafür geben, daß in Zukunft Managed-Care-Modelle im deutschen Gesundheitswesen Fuß fassen. Weiterhin hoffe ich, daß die Erfahrungen positiv sind und wir nicht mit den Problemen der Schweiz oder den USA kämpfen müssen.

Statement: Innovation braucht Handlungsspielraum

Herbert Rebscher, Verband der Angestellten-Krankenkassen und Arbeiter-Ersatzkassen-Verband

Der Begriff „Managed Care" ist zur Zeit in aller Munde: Teils wird er als Allheilmittel für sämtliche Probleme der gesetzlichen Krankenversicherung gepriesen, teils als kostentreibender Ansatz verteufelt. Die Wahrheit liegt wahrscheinlich – wie so oft – irgendwo in der Mitte. Die Vehemenz jedoch, mit der Befürworter und Gegner von Managed-Care-Ansätzen aufeinandertreffen, erklärt sich auch aus dem enormen *Finanzdruck*, der sich in der gesetzlichen Krankenversicherung aufgebaut hat. Voraussichtlich wird das Defizit in der gesetzlichen Krankenversicherung im Jahr 1996 mehr als 10 Mrd. DM betragen. Hinzu kommen im Jahr 1997 weitere Belastungen aufgrund der Unterfinanzierung der Beitragsabsenkung durch das Beitragsentlastungsgesetz in Höhe von 3,5 Mrd. DM sowie die aus diesem Gesetz folgende Unterfinanzierung in der Krankenversicherung der Rentner in Höhe von rund 1,5 Mrd. DM. Damit entsteht ein Finanzdruck in Höhe von mindestens 15 Mrd. DM, der etwa einem Beitragssatzvolumen von 0,8 bis 1 Prozentpunkt entspricht. Vor diesem Hintergrund sind durchgreifende Reformen im Gesundheitswesen unabdingbar; die Strukturen des Systems der Leistungserbringung stehen auf dem Prüfstand. Ein Blick auf die aktuellen Gesetzentwürfe der Regierungskoalition zeigt allerdings, wie weit das bundesdeutsche Gesundheitswesen von strukturierten und zielführenden Reformansätzen entfernt sind.

Die Ersatzkassenverbände haben wiederholt konstruktive Vorschläge zur Ausschöpfung von Wirtschaftlichkeitsreserven vorgelegt. Um so bedauernswerter ist es, daß der Gesetzgeber mit dem *Beitragsentlastungsgesetz* einen Schwenk zurück zur alten Kostendämpfungspolitik vollzogen hat, der neben einem massiven Eingriff in die Finanzhoheit und damit in die Kompetenzen der Selbstverwaltung, erhebliche Belastungsverschiebungen auf die kranken Versicherten beinhaltete.

Als Fortsetzung dieser Politik ist das *1. GKV-Neuordnungsgesetz* zu betrachten, in dem Beitragssatzerhöhungen mit dem Sanktionsmittel der Erhöhung von Zuzahlungen belegt werden. Damit wird zum einen von der völlig falschen Einschätzung ausgegangen, die Krankenkassen würden Beitragssatzanhebungen mit leichter Hand beschließen, um ihre Finanzausstattung zu verbessern. Zum anderen wird der finanzielle Druck, der insbesondere aufgrund gesetzlich induzierter Belastungen in der GKV besteht, zu wesentlichen Teilen auf die Patienten überwälzt. Ausgehend von einem zusätzlichen Finanzbedarf in Höhe von 0,8 bis 1 Beitragssatzpunkt in 1997 würde die geplante Regelung bedeuten, daß per saldo die Arzneimittelzuzahlungen um jeweils 8 bis 10 DM, die Zuzahlungen je Krankenhaustag ebenso um je 8 bis 10 DM und die Zuzahlungen für Heilmittel jeweils um 8 bis 10 Prozentpunkte erhöht werden müßten.

Diese Regelung stellt eine zufällige und willkürliche technische Norm ohne Bezug zu Wirtschaftlichkeit und zum tatsächlichen Beitragssatz dar. Der zusätzliche Finanzbedarf der Krankenkassen wird nur noch zum Teil paritätisch gedeckt, und zwar zu rund 62%: 31% des Gesamtvolumens trägt der Arbeitgeber und 31% der Versicherte. Ein Großteil ist allein vom kranken Versicherten über höhere Zuzahlungen zu finanzieren, nämlich

38%. Diese sozialpolitisch völlig inakzeptable Belastung der Patienten hat in den vergangenen Wochen eine starke öffentliche Gegenbewegung ausgelöst. Die Situation wird noch dadurch verschärft, daß wegen der differenzierten Anhebungen in 620 verschiedenen Kassen von einer Vielzahl verschiedener Zuzahlungssätze je nach Kassenzugehörigkeit auszugehen ist. Wegen der West-/Ost-Rechtskreistrennung wird es zudem sogar innerhalb einer Krankenkasse unterschiedliche Zuzahlungssätze geben. Dies wird zu chaotischen Zuständen in Apotheken, Krankenhäusern und bei Heilmittelerbringern führen. Angesichts des enormen Finanzdrucks ist deshalb mit massiven und zudem unterschiedlichen Belastungen der Patienten zu rechnen, da den Krankenkassen keine anderen Instrumente zur Kostensteuerung an die Hand gegeben werden.

Ebenso wenig zielführend ist der Kern des *2. GKV-Neuordnungsgesetzes*, Regelleistungen in einem Gesamtvolumen von ca. 17 Mrd. DM in Gestaltungsleistungen umzuwandeln. Die Ersatzkassenverbände haben in ihren Forderungen zur wettbewerblichen Orientierung der GKV von Anfang an betont, daß es keinen Wettbewerb um Leistungen geben sollte, sondern vielmehr einen Wettbewerb um effiziente Versorgungsformen, d.h. *Wettbewerb im Vertragsbereich* notwendig ist. Die im 2. NOG vorgesehene Möglichkeit der Differenzierung von Leistungen würde zudem zu einem völlig unübersichtlichen Leistungsgeschehen in der gesetzlichen Krankenversicherung führen, wo es gerade im Fall der Erkrankung im Interesse sowohl von Ärzten als auch von Patienten ist, auf einen verläßlichen Leistungsrahmen zurückgreifen zu können.

Die im 2. NOG vorgesehene Form der Gestaltungsleistungen birgt angesichs des enormen Finanzdrucks die Gefahr, daß „Gestalten" lediglich „Kürzen" bedeutet, insbesondere vor dem Hintergrund, daß die Politik mit dem 1. NOG ausdrücklich Beitragssatzerhöhungen verhindern will. Damit wird – wegen fehlender anderer Instrumente zur Erschließung von Wirtschaftlichkeitsreserven – ein massiver Druck zur Ausgrenzung dieser Leistungen entstehen. Gleichzeitig werden die Kassen angesichts des Finanzdrucks durch den Gesetzgeber selbst zu Überlegungen gezwungen, gerade die Leistungen zu erhalten, die für junge und gesunde Versicherte attraktiv sind, weil dadurch gute Beitragszahler in der Kasse verbleiben, während Leistungen für ältere und kranke Versicherte uninteressant werden, weil diese betriebswirtschaftlich das Risiko beinhalten, gerade solche Gruppen anzuziehen, die Leistungen in hohem Maße beanspruchen. Die Kassen haben auf diese *Gefahr der Risikoselektion* durch die Gestaltungsleistungen hingewiesen, um eine derartige Entwicklung abzuwenden. Es zeugt nicht gerade von überzeugender Logik, wenn in einem Gesetz Anreize gesetzt werden und gleichzeitig davor gewarnt wird, diesen Anreizen nachzugehen.

Nach wie vor scheut sich die Politik aber, vom Modell kollektiver Verträge Abschied zu nehmen und *Monopole auf der Angebotsseite* aufzubrechen. An dieser Stelle des Gesundheitssystems wären Gestaltungsmöglichkeiten für die gesetzliche Krankenversicherung wesentlich wirkungsvoller, zumal die Krankenkassen selbst bereits in einem Wettbewerbsverhältnis zueinander stehen. Eine Flexibilisierung des Vertragsgeschehens bleibt notwendige Bedingung für die effizientere Gestaltung der Versorgungsstrukturen.

Einen einzigen, zaghaften Schritt in diese Richtung bilden die Vorschläge zu *Modellvorhaben* bzw. *Erprobungsregelungen*. Hier haben die Kassenarten ihre jeweiligen Modelle – Qualitätsgemeinschaft Rendsburg, kombinierte Budgets und Hausarztmodell – bereits vorgelegt. Unabhängig davon, ob man diese Modelle bereits zu Managed-Care-Ansätzen rechnet oder nicht – sie setzen allesamt an strukturellen Defiziten der

Gesundheitsversorgung an. Eine umfassende experimentelle Vertragskultur könnte auf drei Ebenen wirksam werden: Sie könnte medizinisch-technischen Fortschritt fördern, Wirtschaftlichkeitsreserven aktivieren und den Bedürfnissen von Versicherten wie auch Leistungsanbietern entgegenkommen. Dazu müßten die Gestaltungsspielräume für die gesetzliche Krankenversicherung allerdings noch wesentlich erweitert werden.

Eine Privatisierung des Krankheitsrisikos darf auch in wirtschaftlich schwächeren Zeiten nicht erfolgen. Deshalb passen Beitragsrückerstattung und der Selbstbehalt bei Kostenerstattung mit Beitragsermäßigung nicht in eine soziale Krankenversicherung. Die Entsolidarisierung der GKV-Mitglieder erzielt in keiner Weise Effizienzsteigerungen, sondern führt die GKV in die Zweitklassigkeit.

Statement

Dieter Paffrath, Bundesverband der Allgemeinen Ortskrankenkassen

Als der Gesetzgeber die Wahlfreiheit in der gesetzlichen Krankenversicherung einführte, hat er gleichzeitig mit dem *Risikostrukturausgleich* ein vollkommen neues Finanzierungssystem für die Krankenkassen geschaffen. Dieses Finanzierungssystem führt dazu, daß die Krankenkassen gruppenmäßig risikoäquivalente Einnahmen erhalten. Dieses Finanzierungssystem ist wichtig, um den Krankenversicherungen volkswirtschaftlich produktive Anreize zu geben.

Der RSA verhindert nämlich, daß wir unsere Kräfte mit dem volkswirtschaftlichen Nullsummenspiel des Rosienenpickens bei der Mitgliederhaltearbeit und der Akquisition verschwenden, indem wir uns gegenseitig die guten Risiken abzujagen und die schlechten Risiken zuzuschieben versuchen. Der jetzt existierende Anreizmechanismus fördert vielmehr, daß wir unsere Kraft und Phantasie darauf konzentrieren, wie wir die gesundheitliche Versorgung unserer Versicherten produktiver gestalten können. Ich glaube, daß dies ein sehr weiser Mechanismus ist. Deswegen muß er auch erhalten bleiben und, wenn neue Anreize zum Rosinenpicken entdeckt werden, weiterentwickelt werden.

Bei der so durch den Gesetzgeber angeregten Suche nach Produktivitätsverbesserungen im Gesundheitswesen muß natürlich auch der Gedanke des *Managed Care* geprüft werden.

Als die AOK vor einiger Zeit entschied, die Lösung einiger zentraler Fragen unseres Geschäftes mit dem Begriff „Gesundheitsmanagement" zu belegen, standen - wie sich viele von Ihnen vermutlich bereits gedacht hatten - in der Tat einige Elemente des Managed Care Pate.

Minister Seehofer hat in seinem Interview mit Michael Arnold im neuesten Krankenhausreport vollkommen zu Recht gesagt: „Managed Care ist ein schillernder Begriff...". Er meinte, man müsse schon präzise sagen, welche Elemente dieses Konzeptes auf das deutsche Gesundheitswesen übertragen werden sollen. Also müssen wir zunächst den Begriff ein wenig von dem zitierten „Schillern" befreien.

Institutionen, die in den Bereich des Managed Care fallen, sind nach unseren Beobachtungen durch bestimmte Gemeinsamkeiten gekennzeichnet, die sie auch für uns interessant machen. Sie stellen, wie wir von Herrn Oberender gehört haben, in ihren Zielsystemen heraus, daß es ihnen vor allem darum geht, die Qualität der gesundheitlichen Versorgung zu erhalten und zu verbessern. Diese Verbesserung der Versorgungsqualität muß nicht unbedingt mehr Geld kosten. Sie korreliert vielmehr unter bestimmten Bedingungen sogar mit einer verbesserten Wirtschaftlichkeit. Dieses empfanden wir als eine höchst bemerkenswerte Gesetzmäßigkeit, für die man uns bei unseren Recherchen auch nachvollziehbare Beispiele geben konnte.

Mit welchen grundsätzlichen Methoden werden diese Qualitätsverbesserungen bei gleichzeitiger Effizienzsteigerung erreicht?

Wir glauben, der wichtigste Erfolgsfaktor bei Managed Care ist die Tatsache, daß hier eine *kompetente Organisation* Verantwortung für die Mitwirkung an den medizinisch-sozialen Prozeßketten wahrnimmt - insbesondere dann, wenn sich diese über mehrere Elemente des Gesundheitssystems hinweg erstrecken.

Die größte Schwachstelle vieler Gesundheitsversorgungssysteme ist unseres Erachtens, daß der Patient häufig bei der Inanspruchnahme der komplexen Elemente dieser Versorgungssysteme allein auf sich gestellt ist. Wir als Krankenversicherung haben häufig nur reagiert, statt zu agieren. Wir haben auf den Antrag des Versicherten gewartet, statt ihn zu fragen, wie wir die Kette seiner Versorgungsbedarfe qualitäts- und effizienzorientiert vervollständigen können. Wir haben nicht gemerkt, welchen Wert wir für den Versicherten schaffen können, indem wir uns darum kümmern, daß die Leistungen des Systems wie Zahnräder ineinander greifen.

Dieses Managen des Gesundungsprozesses konnten wir tatsächlich als eine der wichtigsten Lehren aus den Vereinigten Staaten mit nach Hause nehmen.

Andere Definitionen von Managed Care heben andere Eigenschaften hervor. So wird z.B. betont, die Beteiligung der Leistungserbringer am Versicherungsrisiko der Patienten sei wesentlich oder die Vernetzung der Behandlungseinrichtungen. Andere sehen Managed Care nur bei HMOs funktionieren, wieder andere nur bei Kopfpauschalen und Einschreibsystemen oder überhaupt nur in einem ganz anderen Gesundheitssystem als dem deutschen.

Wie wir Managed Care definieren, davon hängt eine ganze Menge ab. Sähen wir Managed Care nur in Verbindung mit dem sogenannten Staff Model der HMO (also eine HMO mit angestellten Ärzten), dann wäre Managed Care in Deutschland nur unter großen Systemveränderungen möglich. Sieht man Managed Care so, wie wir das tun, also als ein System, in dem eine kompetente Organisation Verantwortung für die Mitwirkung an den medizinisch-sozialen Prozeßketten wahrnimmt, dann kann man dieses Konzept oder zumindest einige wichtige Elemente daraus durchaus nach Deutschland importieren. Denn dieses muß, ohne hiermit eine positive oder negative Bewertung anderer Gesundheitssysteme zu verbinden, betont werden: wir wollen nicht das amerikanische Gesundheitssystem importieren! Wir wollen aber einzelne Methoden und Techniken, von denen man lernen kann, bei uns adaptieren. Welche Methoden und Techniken des Managed Care sind nun aus unserer Sicht beachtenswert?

Das sogenannte *Fallmanagement* ist der Prototyp der aktiven Begleitung der medizinischen Prozeßkette. Auslöser dieses Fallmanagements kann z.B. die Aufnahme in ein Krankenhaus sein. Diese ist in der Regel ein Indikator für eine entsprechende Schwere der Erkrankung und einen vermehrten Bedarf begleitender oder nachsorgender Leistungen der Krankenkasse. Deswegen kann hier in enger Kooperation mit den Krankenhäusern eine Menge Potential im Bereich von Qualität und Effizienz der Versorgung gehoben werden.

Auslöser eines von da an gleichsamen lebenslangen Fallmanagements kann aber auch sein, daß eine Krankheitsart vorliegt, bei der wir wissen, daß die aktive Begleitung im Sinne von Managed Care hohe Qualitätsverbesserungs- und Effizienzsteigerungspotentiale hat. Diese Managed-Care-Technik ist das sogenannte *Disease Management*. Sie wird in enger Kooperation mit niedergelassenen Ärzten, insbesondere Allgemeinmedizinern und bestimmten Fachärzten, betrieben. Eine Zielindikation mit hohen Potentialen (zumindest in bestimmten Bevölkerungskreisen) ist z.B. der Diabetes.

Eine dritte Technik ist die, gemeinsam mit der Ärzteschaft *Netzwerke von Ärzten* aufzubauen und eine aktive und systematische Kommunikation über Qualität und Kosten der Leistungserbringung bei bestimmten Indikationen aufzubauen.

Der Katalog der Methoden und Techniken, die in Managed-Care-Systemen eingesetzt werden, kann beinahe beliebig ausgeweitet werden. Ich möchte es an dieser Stelle bei den genannten Beispielen belassen und nun dazu kommen, welche Dinge die AOK in Kooperation mit den Leistungserbringern derzeit praktisch im Einsatz hat.

Das *Hausarztmodell der AOK* ist sicherlich unser bekanntester Ansatz der Übernahme bestimmter Managed-Care-Techniken. Das Hausarztmodell, so wie es derzeit auf der Basis eines entsprechenden Vertrages zwischen der KV Hessen und AOK im Frankfurter Raum pilotiert wird, ist eine Kombination aus Disease Management und Netzwerk-Aufbau. Hier soll bestimmten Patientengruppen angeboten werden, daß KV und AOK sich aktiv um Qualitätssteigerung durch die Optimierung der Zusammenarbeit der verschiedenen beteiligten Leistungserbringer kümmern.

Ähnliche Modelle, allerdings mit etwas anderen Schwerpunkten, sind die Modelle „*Hippokrates*“ und „*Kodex*“ in Hamburg und Berlin.

Viele AOK-Patienten und viele Krankenhäuser haben bereits Kontakt mit unserem aktiven Management bei Krankenhausaufenthalten gehabt. Denn wir haben heute in jeder AOK mindestens ein, meistens aber mehrere Pilotprojekte damit gestartet. Die AOK ist so mit vielen Krankenhäusern in neue Formen der Kooperation eingetreten, deren Ziel es ganz allgemein ist, die Bedarfe an begleitenden und nachsorgenden Leistungen systematisch schneller zu erkennen und zur Verfügung zu stellen. Sofern das Fallvolumen bestimmte Minimal-Betriebsgrößen ermöglicht, haben wir sogar in Krankenhäusern eigene Geschäftsstellen eingerichtet.

Diese neue Art der Kooperation mit unseren Gesundheitspartnern hat allen Beteiligten erhebliche Vorteile gebracht und erfreut sich deswegen auch bei den Institutionen, aber auch den einzelnen Patienten, Ärzten, Krankenschwestern und Verwaltungsangestellten einer breiten Akzeptanz. In aller Regel hat das Krankenhauspersonal bei der AOK heute *einen* Ansprechpartner, mit dem man alle Fragen der Ergänzung des medizinischen Prozesses um die notwendigen Begleitleistungen klären kann. Diese Person ist nicht nur passiv erreichbar, sondern geht aktiv auf das Krankenhauspersonal zu, um diesem deutlich zu machen, daß die Optimierung des Behandlungsprozesses nicht durch komplexe Formalitäten und Antragsfristen gebremst werden darf.

Für den Patienten hat diese Neuorientierung den Vorteil, daß er spürt, daß die AOK höchstes Interesse an seiner Genesung zeigt und sich dieses auch in spürbaren Aktivitäten und Erleichterungen niederschlägt.

Ärzte und Krankenschwestern loben, daß ihnen Antrags- und sonstige Formalitäten erleichtert und das Finden geeigneter Ergänzungsangebote abgenommen werden.

Wir haben durch Interviews mit den Betroffenen deutliche Hinweise darauf, daß durch diese Maßnahmen die Versorgungsqualität gesteigert werden konnte. Interessant war darüber hinaus aber natürlich auch die Frage, ob auch hier die Korrelation beobachtet werden kann, die ich eingangs bereits erwähnte: nämlich die, daß bei Prozeßketten häufig eine Qualitätssteigerung mit einer Effizienzsteigerung und damit Kostensenkung verbunden ist. Wir haben viele, uns signifikant erscheinende Hinweise, daß die genannte Qualitätsverbesserung uns tatsächlich nicht mehr Geld gekostet, sondern im Gegenteil Einsparungen bewirkt hat.

Ich möchte zum Abschluß erwähnen, daß im Bereich der Sozialgesetze ja *nicht* die sonst übliche Regel gilt: „Was nicht verboten ist, ist erlaubt." Bei uns ist die Regel umgekehrt: „Was den Krankenkassen nicht ausdrücklich erlaubt ist, ist ihnen verboten."

Es kommt eben in der Praxis manchmal schon die Frage auf, ob uns in diesem Sinne der Einsatz dieser oder jener Managed-Care-Technik denn überhaupt explizit erlaubt sei. Wenn ich die Eckpunkte der Regierungskoalition zur weiteren Reform des Gesundheitswesens richtig verstehe, so ist vorgesehen, eine solche explizite Erlaubnis für spezielle Versorgungsformen einzuführen. Dieses muß ausdrücklich begrüßt werden.

Statement

Karl-Heinz Schönbach, Bundesverband der Betriebskrankenkassen

In Deutschland hatte die Diskussion um „Managed Care" Mitte der 80er Jahre mit dem gesundheitsökonomischen Kolloquium der Robert Bosch Stiftung zu „Health Maintenance Organisations" (vgl. Hauser/Schulenburg, 1988) ein erstes größeres Forum im wissenschaftlichen Raum. Im Kern versprachen „HMOs" die Integration von Versicherungs- und Versorgungsfunktionen in Unternehmen, die sich im Hinblick auf eine umfassende medizinische Versorgungsleistung dem Wettbewerb stellen. Dieser Typus hätte für die in zahlreichen Strukturfragen festgefahrene Gesundheitspolitik in Deutschland eine wettbewerbliche Modernisierungsperspektive anregen können, etwa im Hinblick auf den Umgang mit der absehbaren Arztzahlentwicklung, die Etablierung fachübergreifender Gemeinschaftspraxen und die notleidende Verzahnung ambulant-stationär usw., aber auch im Hinblick auf den zunehmend als funktionsarm erkannten Wettbewerb der Krankenkassen.

Spürbare Impulse sind allerdings von der Diskussion um „Managed Care" - anders als z.B. in der Schweiz - auf die Gesundheitspolitik in Deutschland zunächst nicht ausgegangen (vgl. Schönbach, 1991, S. 36ff.). Dies lag unter anderem daran, daß der traditionell korporatistischen Gesundheitspolitik in Deutschland jede wettbewerbstheoretische Fundierung fehlte, um eine solche Perspektive überhaupt als reformerischen Ansatz zu interpretieren. War bis weit in die 80èr Jahre von „Wettbewerb im Gesundheitswesen" die Rede, beherrschten die neoliberalen Überlegungen z.B. des „Kronberger Kreises" (vgl. Engels et al., 1987) die Debatte. Diese blieben aber für das deutsche Gesundheitswesen praktisch irrelevant, weil sie sich mit ihm konkret gar nicht beschäftigten. Erst mit den Jahresgutachten des Sachverständigenrates für die Konzertierte Aktion im Gesundheitswesen (SVRKAiG) 1988 ff. (vgl. SVRKAiG, 1988 und weitere Jahrgänge) wurden die Elemente einer Wettbewerbsordnung der Krankenversicherung politikfähig beschrieben, mit dem Gesundheitsstrukturgesetz (GSG) 1993 gesetzgeberisch aufgegriffen und von den Krankenkassen in der Diskussion um eine „Solidarische Wettbewerbsordnung" (vgl. Arbeitsgemeinschaft der Spitzenverbände der Krankenkassen, 1994) weiterentwickelt:

- Kern des GSG war die Einführung umfassender Krankenkassen-Wahlrechte für alle Versicherten auf der Grundlage des sogenannten Risikostrukturausgleich (RSA). Ausgesprochenes Ziel der Politik war es zwar nicht, eine weitreichende neue Wettbewerbsordnung für das gesamte Gesundheitswesen zu schaffen, sondern die Angleichung der Beitragssätze der Krankenkassen. Immerhin - und anders als kurz darauf für die Pflegeversicherung - sollte dabei aber ein reiner Ausgabenausgleich wegen seiner Anreize zu Unwirtschaftlichkeiten vermieden werden. Statt dessen wurde der Ausgabenausgleich auch in der Krankenversicherung der Rentner durch einen risikobezogenen Einnahmenausgleich über alle Versichertengruppen ersetzt.
- Insbesondere die Krankenkassen haben das GSG als Fundament einer neuen Wettbewerbsordnung interpretiert und ihren konsequenten Ausbau gefordert. Mit

dem Konzept einer „Solidarischen Wettbewerbsordnung“ haben die Spitzenverbände der Krankenkassen versucht, die „systematische Okkupation des marktwirtschaftlichen Wertekanons durch die Lobby der Leistungsanbieter“ (Griesewell, 1994, S. 28) zu durchbrechen und flexible Vertragsstrukturen gegenüber den Leistungsanbietern im Gesundheitswesen durchzusetzen. Leitbild dafür waren auch Elemente von „Managed Care“, gleichwohl ohne die weithin kontraproduktiven, eine bedarfsgerechte und qualitativ gesicherte Versorgung für alle Bürger verhindernden Rahmenbedingungen der USA.

Der Logik des GKV-Konzepts, das in Wissenschaft und Publizistik weithin Unterstützung fand, konnte sich die gesundheitspolitische Debatte zunächst kaum entziehen: „Vorfahrt für die Selbstverwaltung“ und „Mehr Wettbewerb im Gesundheitswesen“ waren die populären Slogans der Gesundheitspolitik. Eine vielstimmige Diskussion um „Managed Care“ und „Disease Management“, neuen Unternehmensformen und Vertriebsformen im Arzneimittelbereich begann - *und* konfrontierte die Gesundheitspolitiker auf Schritt und Tritt mit einer Mischung aus diffuser „Existenzangst“ und irrationalem „Widerstand“ der Anbietervereinigungen, die sich sonst so gern auf „den Wettbewerb“ berufen hatten.

Es folgte eine systematische Hinwendung der Bonner Gesundheitspolitik zu den Vereinigungen der Anbieter. Jede Gruppe konnte sich im vorparlamentarischen Raum - ganz „Vorfahrt für die Selbstverwaltung“ - ihrer Vetorechte gewiß sein. Gesundheitspolitisch ging nichts mehr (nach vorne). Novelle für Novelle wurden Elemente des GSG aufgeweicht (Festbeträge für patentgeschützte Arzneimittel, Importabgabe, Positivliste), zurückgenommen (Arzneimittelbudgets, Honorarbudgets) und durch neue korporatistische Elemente wie das sogenannte Partnerschaftsmodell verbrämt. Bei einer Gesundheitspolitik ohne die Länder und gegen die Krankenkassen werden als „Reform“ wohl nur „Erprobungsregelungen“ zu verbuchen sein, bei denen die Krankenkassen auf die neue Innovationsbereitschaft der Kassenärztlichen Vereinigungen zu hoffen haben.

Daß diese Politik bei limitierten Lohnnebenkosten in die Sackgasse führen wird, war auch Tenor dieser Tagung des Ausschusses für Gesundheitsökonomie im Verein für Socialpolitik. Man wird solche politischen Rückschläge zu verkraften haben. Sie werden den Übergang von Korporatismus zum Wettbewerb kaum aufhalten können. Die Betriebskrankenkassen haben mit dem Modell „vernetzter Praxen mit kombinierten Budgets“ ein Zeichen gesetzt. Die Ortskrankenkassen erproben ein Hausarztmodell. Die über die Wettbewerbsordnung der Krankenkassen motivierte Anreizstruktur für mehr Wirtschaftlichkeit und Qualität im Gesundheitswesen ist und bleibt wirksam, auch wenn die Politik noch von einer konsequenten Weiterentwicklung absieht. Auf allen Ebenen erkennen die Krankenkassen, daß sie sich im Interesse ihrer Versicherten aktiv mit den Versorgungsstrukturen auseinandersetzen müssen. „Managed Care“ heißt in der gesetzlichen Krankenversicherung „integrierte Versorgung“.

Eine integrierte bzw. integrativ ausgerichtete Versorgung mit dem Ziel, die Qualität zu verbessern und die Kosten zu reduzieren, bezieht die maßgeblichen Akteure innerhalb der Versorgungskette auf der Grundlage möglichst umfassender Information in eine auf Gesundheitsziele gerichtete Kooperation und Koordination ein. Um dieses Ziel zu erreichen, müssen nach dem Stand der Diskussion grundsätzlich 6 Schritte geleistet werden:

- Verbesserung der Information und Kooperation zwischen den Akteuren in der Versorgungskette, insbesondere zwischen Krankenversicherer und Leistungsanbietern.
- Einführung von positiven Anreizen, Information und Beratung, um die Zusammenarbeit der Akteure mit Blick auf die angestrebten Gesundheitsziele zu fördern.
- Vermeidung von Doppelaktivitäten, Nutzung komparativer Vorteile und Bündelung der Nachfrage auf qualitativ hochstehende und wirtschaftliche Leistungsanbieter.
- Dokumentation und Auswertung der Behandlungs- und Verordnungsprofile mit Bezug auf Diagnosen bzw. komplexe (chronische) Krankheitsbilder.
- Entwicklung von Behandlungsleitlinien unter Einschluß von Zweitmeinungsverfahren in geeigneten Indikationen.
- Gesundheitsberichterstattung und Bewertung der Behandlungserfolge bzw. der erreichten oder verfehlten Gesundheitsziele.

Für ein aktives Versorgungsmanagement brauchen die Krankenkassen mithin in jedem Falle Wissen über Versorgungsoptionen, -muster und -ergebnisse. Dafür bietet die Analyse von Abrechnungsdaten in der Regel eine gute Grundlage, wenn medizinischer Sachverstand beratend hinzugezogen wird. Zwei grundlegende Vorgehensweisen der Krankenkassen sind zu unterscheiden (vgl. Schönbach, 1997, S. 4ff.):

- *Care-Management*: Auffinden und Vermeiden qualitätsmindernder bzw. kostentreibender Reibungsverluste innerhalb und zwischen den Versorgungsebenen mit Hilfe von Leitstellen-, Service- und Beratungsangeboten für Versicherte und Leistungsanbieter bis hin zur Bildung von Versorgungsnetzen.
- *Case-Management/Disease-Management*: Führung von gesundheitlich komplex zu versorgenden Einzelfällen bzw. ausgewählten Krankheitskomplexen mit Hilfe von Rehabilitations- und Gesundheitsberatern für Ärzte und Patienten.

Allein schon in der aktiven Fallführung chronisch Kranker engagieren sich die Krankenkassen heute mehr denn je und bauen ihre medizinische Kompetenz systematisch aus. Das kann aber nicht daran vorbei sehen lassen, daß ihr Möglichkeitsraum durch zahlreiche gesetzliche und berufsrechtliche Barrieren überaus eingeschränkt bleibt. Daher wird „Managed Care", wird eine „integrierte Versorgung" im Gesundheitswesen nur dann auf breiter Front an Relevanz gewinnen können, wenn die Wettbewerbsordnung konsequent auch die Angebotsseite einbezieht und den Krankenkassen mehr flexible Vertragsmöglichkeiten eröffnet. Diskussionen über „Managed Care", die an dieser Beziehung vorbeigingen, müßten akademisch bleiben. Dies sollte und kann sich die Gesundheitspolitik in Deutschland auf Dauer überhaupt nicht leisten, will sie nicht Leistungsausgrenzungen oder willkürlich hohe Zuzahlungen in Kauf nehmen.

Literatur

Arbeitsgemeinschaft der Spitzenverbände der Krankenkassen, *Solidarische Wettbewerbsordnung als Grundlage für eine zukunftsorientierte gesetzliche Krankenversicherung*, Broschüre, September 1994.

Engels, W./Gutowski, A./Hamm, W./Möschel, W./Stützel, W./von Weizäcker, C.C./ Willgerodt, H. (Kronberger Kreis), *Mehr Markt im Gesundheitswesen*, hrsg. vom Frankfurter Institut für wirtschaftspolitische Forschung e.V., Bad Homburg 1987.

Griesewell, G., Markt oder Staat - Wettbewerb oder Dirigismus? Zur Psychopathologie der ordnungspolitischen Diskussion im Gesundheitswesen, *Arbeit und Sozialpolitik* 1-2 (1994), S. 28-41.

Hauser, H./Schulenburg, J.-M. Graf von der (Hrsg.), *Health Maintenance Organisations*, Beiträge zur Gesundheitsökonomie, Band 19, Robert-Bosch-Stiftung, Gerlingen 1988.

Sachverständigenrat für die Konzertierte Aktion im Gesundheitswesen (SVRKAiG), *Jahresgutachten 1988*, Baden-Baden 1989 und weitere Jahrgänge.

Schönbach, K.H., Marktorientierung der Krankenkassen, *Die Betriebskrankenkasse* 1 (1997), S. 4 ff.

Schönbach, K.H., Zur Erprobung eines HMO-Modells im Rahmen der gesetzlichen Krankenversicherung, *Arbeit und Sozialpolitik* 11-12 (1991), S. 36 ff.

Managed-Care Modelle für chronisch Kranke in der Gesetzlichen Krankenversicherung

Leonhard Männer, Universität Göttingen

1 Einleitung

Managed-Care Modelle sind ein organisatorischer Zusammenschluß von Leistungsanbietern und potentiellen Leistungsnachfragern, um durch Krankheits-Management die Effektivität und durch Kosten-Management die Effizienz zu steigern. Krankheits-Management ist entweder Krankheitsfall-Management, z.B. bei Krebs oder Multipler-Sklerose oder Krankheitskomplex-Management, z.B. bei Diabetes mellitus. Kosten- Management ist die Vermeidung überflüssiger Kosten und das Streben nach kostenminimaler Kombination der erforderlichen Leistungen. Die Steigerung der Effektivität führt zu einem besseren Gesundheitszustand, die Steigerung der Effizienz führt zu geringeren Kosten. Es wird für den gleichen Gesundheitszustand mit einer Senkung der Kosten um mindestens 10% bis maximal 30% gerechnet.[1] Je größer die ökonomische und medizinische Verantwortung ist und je stärker die Verbindung zwischen medizinischer und ökonomischer Verantwortung ist, um so höher sind die erwarteten Effektivitäts- und Effizienzsteigerungen. Das besonders deshalb, weil durch Internalisierung der Kosten der veranlaßten und verordneten Leistungen im Managed-Care besonders hohe Steigerungsmöglichkeiten vermutet werden.

Es soll hier nicht auf die mögliche Vielfalt der Managed-Care Modelle eingegangen werden. Vielmehr soll das Modell mit den vermeintlich stärksten medizinischen und ökonomischen Anreizen Grundlage der Analyse sein.[2] Die Merkmale des Modells sind:

1. Freiwilliger Beitritt mit freiwilliger zeitlicher Bindung von Leistungsnachfragern, verbunden mit Kontrahierungszwang für die Leistungsanbieter;
2. Freiwilliger Zusammenschluß mit freiwilliger zeitlicher Bindung der Leistungsanbieter;
3. Die Honorierung der Leistungen durch die Kasse geschieht durch im voraus gezahlte risiko-orientierte alters- und geschlechtsspezifische Kopfbudgets;
4. Die Leistungsanbieter haben das ökonomische und das medizinische Risiko zu bewältigen, wobei die Wahl der Mittel der Bewältigungen ihnen freisteht;

---

1 Bei Popp (1996, S. 38-42) ist eine Literaturübersicht zu den erwarteten Kostensenkungen zu finden. Lauterbach / Arnold (1995) sind da skeptisch. Sie unterstellen, daß das GKV-Sachleistungssystem HMO-Charakter hat und entsprechend die Möglichkeiten der Effizienzsteigerung durch Managed-Care nicht groß genug sind. Dabei wird nicht berücksichtigt, daß eine Koordinierung von medizinischer und ökonomischer Verantwortung bei den Leistungsanbietern kaum gegeben ist.

2 Die Vielfalt der möglichen Managed-Care Modelle wird in Arnold / Paffrath (1996, S. 45ff.) diskutiert. In der Realität werden die Kombinationen von medizinischer und ökonomischer Verantwortung zwischen dem im folgenden dargestellten Modell und dem anderen Extrem liegen. Das andere Extrem ist Koordinierung der medizinischen Verantwortung im Managed-Care Modell mit Kostenerstattung für alle Leistungen. Das führt wahrscheinlich zu einer höheren Verschwendung als die allgemeine Versorgung nach dem gegenwärtigen Sachleistungssystem der GKV.

5. Die Kopfbudgets werden zwischen Kassen und Leistungsanbietern, die Konditionen für veranlaßte und verordnete Leistungen werden zwischen den Anbietern des Managed-Care und den Anbietern der verordneten und veranlaßten Leistungen ausgehandelt.

Es werden im folgenden unter 2. die (risiko-)ökonomischen und medizinischen Grundlagen des Managed-Care für chronisch Kranke, unter 3. die theoretischen Grundlagen risiko-orientierter Kopfbudgets als richtige und geeignete Preise für Managed-Care Leistungen und unter 4. die mögliche Kalkulation der geeigneten Kopfbudgets angesichts des vorhandenen empirisch-statistischen Materials diskutiert. Unter 5. werden die Folgerungen aus der Diskussion gezogen.

2 *Risiko-ökonomische und medizinische Grundlagen*

Bei chronisch Kranken ist mit besonders hohen Steigerungen der Effektivität und Effizienz durch Zusammenschluß in Managed-Care Modellen zu rechnen.[3] Es ist also lohnend für die GKV, gerade für diese Versicherten Managed-Care einzuführen. Das bedeutet für die Leistungsanbieter, daß für das Krankheits- und Kostenmanagement bei chronisch Kranken fachlich besonders qualifizierte und erfahrene Ärzte und Mitarbeiter Mitglieder des Managed-Care Modells sind.[4] Das bedeutet für die Leistungsnachfrager nicht, daß nur chronisch Kranke Mitglieder des Managed-Care Modells sind, sondern auch gefährdete und unauffällige Mitglieder sein können. Denn zumindest die gefährdeten Mitglieder können von den Erfahrungen der für die Behandlung von chronisch Kranken qualifizierten Leistungsanbieter profitieren. Außerdem wird es oft notwendig sein, zusätzlich zu den chronisch Kranken auch gefährdete und unauffällige Leistungsnachfrager in das Managed-Care für chronisch Kranke aufzunehmen, um die notwendige Mindestgröße aus risiko-ökonomischer Sicht und die notwendige Optimalgröße aus medizin-ökonomischer Sicht zu erreichen.

Am Managed-Care müssen im deutschen GKV-System mindestens drei Partner interessiert sein, nämlich die Krankenkassen, die Versicherten als Leistungsnachfrager und die Ärzte mit ihrem Personal als Leistungsanbieter. Außerdem darf der Solidarausgleich nicht gefährdet werden. Das ist dann der Fall, wenn die Ausgaben für Managed-Care Mitglieder nicht höher sind als die Ausgaben für die GKV-Versicherten in der allgemeinen Versorgung.

2.1 Die Kassen sind am Managed-Care interessiert, wenn der Versichertenbestand im Managed-Care sie zumindest nicht mehr kostet als der gleiche Versichertenbestand bei

---

3 Nach Bergmann (1995, S. 743ff.) und Die Welt vom 10.8.1996, S. 8 kostet ein gut eingestellter Diabetiker gegenwärtig ungefähr 2.000,- DM jährlich, ein schlecht eingestellter Diabetiker aber 14.000,- DM. Wird der Anteil der schlecht eingestellten Diabetiker durch Managed-Care verringert, so kommt es zu hohen Kostensenkungen. Die 14.000,- DM für schlecht eingestellte Diabetiker sind zum großen Teil auf verschwenderischen Einsatz von Leistungen zurückzuführen. Zu weiteren Kostensenkungen kann es also durch Vermeidung von überflüssigen Leistungen und durch Realisieren der kostenminimalen Kombination der Leistungen kommen.

4 Die Aussage von Professor Manfred Dreyer, Hamburg: "Die zur Zeit eingesetzten Methoden einen Diabetiker zu behandeln, sind falsch" (Die Welt vom 10.8.1996) zeigt, was gemeint ist.

der Kasse. Die Kassen sind daran interessiert, daß der Nettovorteil aus dem Managed-Care maximiert wird. Das ist angesichts der erhofften Effizienzsteigerung als Folge von Krankheitsmanagement und Kostenmanagement bei den Versicherten der Fall, die sehr hohe erwartete Leistungsausgaben und damit ein hohes Risiko darstellen - das sind die chronisch Kranken. Das ist aber auch der Fall bei den Versicherten, die ein mittleres Risiko darstellen - das sind die durch Vorerkrankungen, Behinderungen und bestimmte Beschwerden "normalen" Auffälligen mit erhöhtem Krankheitsrisiko. Das ist am wenigsten der Fall bei den Versicherten, die ein geringes Risiko darstellen. Die Kassen sind also daran interessiert, möglichst viele chronisch Kranken und "normale" Auffälligen an ein Managed-Care abzugeben. Ein Beispiel soll das veranschaulichen. Zahlt ein Mitglied der Kasse einen jährlichen Beitrag von 7.000,- DM und ist der Erwartungswert der individuellen Leistungen wegen einer chronischen Erkrankung 14.000,- DM, so ist es für die Kasse lohnend, angesichts der erwarteten Effizienzsteigerungen im Managed-Care von mindestens 10% dem Mitglied ein Kopfbudget von 12.600,- DM mitzugeben, wenn es in das Managed-Care eintritt. Bei gegebenem Beitrag des Mitglieds hätte die Kasse einen erwarteten Gewinn von 1.400,- DM.

2.2 Die Versicherten sind am Managed-Care nur interessiert, wenn sie ohne Mehrbelastung eine bessere Gesundheitsversorgung erwarten als bei der Kasse unmittelbar, wenn sie also eine Effektivitätssteigerung erwarten. Gleichzeitig sind sie daran interessiert, die höchstmögliche Senkung ihres Beitrages zum GKV-Versicherungsschutz zu erreichen. Das ist bei chronisch Kranken möglich und bei den "normalen" Auffälligen, kaum aber bei den Gesunden. In dem Beispiel würde die prozentuale Senkung der Leistungsausgaben um 10% den Beitrag um 10%, also um 700,- DM auf 6.300,- DM senken und es verbliebe der Kasse ein erwarteter Gewinn von 700,- DM.[5]

2.3 Die Ärzte und deren Mitarbeiter sind am Managed-Care nur interessiert, wenn sich ihr Einkommen zumindest nicht verschlechtert und sie streben eine Maximierung ihres Einkommens oberhalb dieses Mindestniveaus an. Erhoffte Quellen dieser Verbesserung der Einkommenssituation sind die erhoffte Effektivitätssteigerung und die erhoffte Effizienzsteigerung. Wiederum sind es die chronisch Kranken mit sehr hohen erwarteten Leistungsausgaben und die "normalen" Auffälligen mit mittleren erwarteten Leistungsausgaben, bei denen Steigerungen von Effektivität und Effizienz in besonders hohen Steigerungen der Einkommen resultieren können. Dort, wo viel zu tun ist, ist auch viel zu holen (und die Mitgliederzahl kann überschaubar gehalten werden). Dort, wo wenig zu tun ist, ist auch wenig zu holen (und die Mitgliederzahl muß unüberschaubar hoch sein).

2.4 Alle Beteiligten also, Kassen, Versicherte sowie Ärzte und ihre Mitarbeiter, sind grundsätzlich daran interessiert, daß in ein Managed-Care Mitglieder eintreten, die be-

5 Weil in der GKV die aktuellen Beiträge in einer Periode nicht dem aktuellen Erwartungswert der Leistungen widerspiegeln, die chronisch Kranken allgemein einen niedrigeren Beitrag zahlen als dem Erwartungswert der Leistungen entspricht, ist eine mögliche Beitragssenkung an der Höhe des Beitrags, nicht aber an der Höhe des Kopfbudgets zu orientieren. Sonst könnte der Solidarausgleich gefährdet werden.

sonders hohe und hohe erwartete Leistungsausgaben haben. Der Preis muß "richtig" sein, wenn dieses grundsätzliche Interesse in die Realität umgesetzt werden soll.

3 *Kopfbudgets als richtige Preise, Mindest- und Höchstzahl der Leistungsnachfrager*

Allgemein wird befürchtet, daß die chronisch Kranken von den Leistungsanbietern im Managed-Care nicht akzeptiert werden, sondern nur die Unauffälligen, möglichst die Gesunden. Dieses "Cream Skimming" ist aber nur zu erwarten, wenn die wirtschaftlichen und medizinischen Anreize nicht stimmen. Stimmen die wirtschaftlichen und medizinischen Anreize, so sind chronisch Kranke willkommen und begehrt als Leistungsnachfrager im Managed-Care Modell.

Zu den richtigen wirtschaftlichen und medizinischen Anreizen zählen der "richtige" Preis, eine Mindestzahl an Leistungsnachfragern (Mitglieder), wenn es um das Eingehen und Bewältigen von unternehmerischen Risiken geht, und eine Höchstzahl an Leistungsnachfragern, wenn es um das Krankheits- und das Kostenmanagement geht. Der "richtige" Preis hat sich an den erwarteten individuellen Leistungsausgaben für die Leistungsnachfrager zu orientieren, die Mindestzahl an Leistungsnachfragern an der hinzunehmenden Verlustwahrscheinlichkeit durch die Leistungsanbieter und die Höchstzahl an Leistungsnachfragern an der Effektivität und Effizienz der Leistungserbringung.

3.1 Als "richtiger" Preis bietet sich an das am individuellen Risiko orientierte Kopfbudget, das die erwarteten eigenen, veranlaßten und verordneten Leistungen des Managed-Care soweit widerspiegelt, daß kein Anreiz besteht, chronisch Kranke und "normale" Auffällige als unwillkommen im Managed-Care anzusehen und die unauffälligen (Gesunde) als willkommen. Nur Gesunde als Mitglieder würde auf die Dauer ein Managed-Care gefährden, weil alle Beteiligten ihre Ziele und Vorstellungen langfristig nicht realisieren könnten. Dem Gesunden mit geringer individueller Inanspruchnahme der Leistungen des Managed-Care werden die Vorteile des Verzichts auf die freie Arztwahl kaum einsichtig sein. Für die Kassen ist wegen der geringen Möglichkeiten der Kostensenkung kaum etwas zu holen. Außerdem verbleiben in der allgemeinen GKV-Versorgung die Versicherten mit hohen erwarteten Leistungsausgaben. Die Leistungsanbieter benötigen zur Erzielung der erforderlichen Gesamteinnahmen für ein angemessenes Einkommen eine hohe Anzahl von Leistungsnachfragern. Die hohe Anzahl an Leistungsnachfragern führt auch nicht zur erhofften Steigerung der Compliance. Krankheits- und Kostenmanagement ist kaum möglich und bringt kaum etwas ein.

3.2 Das mögliche Cream Skimming mit den unter 3.1 dargestellten Folgen ist also das Kriterium für die Bildung von "richtigen" Kopfbudgets, also für die notwendige und hinreichende Differenzierung dieser Budgets. Als zusätzliches Kriterium für das "richtige" Kopfbudget ist der ökonomische Anreiz zu sehen. Ein Kopfbudget, das alle eigenen, veranlaßten und verordneten Leistungen des Managed-Care erfaßt, übt die stärksten Anreize für unternehmerisches Handeln aus. Je mehr Leistungen aus dem Kopfbudget herausgenommen werden, um so geringer sind die ökonomischen Anreize zur Effektivitäts- und Effizienzsteigerung, um so mehr Ineffektivitäten und Ineffizienzen sind die Folge. Ex-post Einzelleistungshonorierung für eigene Leistungen des Managed-Care, verbunden mit dem Auslagern der ökonomischen Verantwortlichkeit für die Kosten der veranlaßten und verordneten Leistungen würden den höchsten Anreiz für Verschwendung liefern.

Zur Beurteilung, ob ein individuelles Kopfbudget "richtig" ist oder nicht, müssen zumindest die Leistungsanbieter sich über folgendes vollkommen klar sein. Ein noch so perfekt am Erwartungswert der Leistungen orientiertes Budget wird nicht dazu führen, daß die tatsächlichen Leistungsausgaben pro einzelnem Mitglied pro Jahr den erwarteten Leistungsausgaben gleich sind. Das ist darauf zurückzuführen, daß individuell die Inanspruchnahme von Leistungen zufallsbedingt ist und gleichzeitig die Höhe der Ausgaben für Leistungen zufallsbedingt ist. Deshalb sind Unterschiede der Inanspruchnahme von Leistungen nach Newhouse (1982) nur maximal zu 20% erklärbar, mindestens 80% der Unterschiede in der Inanspruchnahme von Leistungen sind zufallsbedingt.[6]

Dazu das folgende Gedankenexperiment: Zwei völlig identische Risiken mit völlig identischem individuellen Erwartungswert der Leistungen und völlig identischer individueller Varianz der Leistungen werden beobachtet, wie ihre tatsächliche Leistungsinanspruchnahme pro Jahr ist. Die tatsächlichen individuellen Leistungen werden sich jedes Jahr unterscheiden. Erst eine Beobachtung über mindestens 8 Jahre wird in etwa ergeben, daß der Durchschnitt der Leistungsausgaben für beide Individuen gleich ist. Dieses Abweichen der tatsächlichen Leistungsausgaben pro Mitglied im Managed-Care von dem im Kopfbudget enthaltenen Gegenwert der erwarteten Leistungsausgaben wird nur im Gesamtbestand nach dem Gesetz der großen Zahlen je nach Größe und Zusammensetzung des Bestandes vernichtet.

Ein "rationales" Cream-Skimming bei gegebenem Kopfbudget erfordert die Kenntnis der dargestellten Zusammenhänge. Es erfordert aber auch Risikofreude und -bereitschaft bei den Leistungsanbietern des Managed-Care. Jedes Cream-Skimming entsprechend der Differenz zwischen Höhe des Kopfbudgets und den tatsächlichen Ausgaben führt zum Ende des Managed-Care, wenn die Kopfbudgets "richtig" sind. Das Cream Skimming entsprechend der Differenz zwischen tatsächlichen und erwarteten Ausgaben führt dazu, daß fast die Hälfte der Leistungsnachfrager durch neue Leistungsnachfrager zu ersetzen wäre, und das Jahr für Jahr, mit dem Ergebnis, daß bei "richtigen" Kopfbudgets

6 Newhouse (1982) sieht den erklärbaren maximalen Prozentsatz der individuellen Unterschiede durch eine optimale Menge der Merkmale bei maximal 20%, weil die Höhe der tatsächlichen individuellen Leistungsausgaben zufallsbedingt ist. Derartige zufallsbedingte Abweichungen der tatsächlichen Leistungsausgaben von den im Kopfbudget enthaltenen erwarteten Leistungsausgaben sollten kein Problem sein. Hier muß der Ausgleich im Bestand erfolgen. Wollte man nämlich die Menge der Merkmale so gestalten, daß 100% der Unterschiede in den tatsächlichen Leistungsausgaben damit erfaßt wären, so hätten wir nicht mehr Kopfbudgets, sondern eine einfache Kostenerstattung. Nach Newhouse u.a. (1989) ist von den 20% maximal erklärbaren individuellen Unterschieden ein Anteil von 20% bis 30% durch Hinzuziehen von Gesundheitsindikatoren zu den alters- und geschlechtsspezifischen Erwartungswerten zu erklären. Wenn nur eine frühere Inanspruchnahme von Leistungen hinzugezogen wird, ist ein Anteil von 40% erklärt, wenn sowohl Gesundheitsindikatoren als auch frühere Inanspruchnahmen von Leistungen hinzugezogen werden, ist ein Anteil von 60% erklärt. Um den restlichen Anteil von 40% der maximal 20% erklärbaren Unterschiede geht es in den Untersuchungen nach 1989; manche, z. B. Van de Ven u. a. (1992, 1993, 1994) scheinen darüber hinaus zu streben, was - wie oben angedeutet - zu irrigen Ergebnissen führen kann.

Jahr für Jahr fast die Hälfte der Leistungsnachfrager im Managed-Care höhere tatsächliche Leistungsausgaben als erwartet haben. Das kann bei Risikoscheu der Leistungsanbieter der Fall sein. Ein Managed-Care ist bei Kopfbudgets nur mit risikobereiten Leistungsanbietern mit dem Ergebnis von Effektivitäts- und Effizienzsteigerung bei Steigerung des erwarteten Einkommens der Leistungsanbieter zu bestreiten. Risikoscheue Leistungsanbieter werden das nicht leisten können. Sie werden auf Honorierungsformen mit schwächeren ökonomischen Anreizen bestehen und damit Effektivitäts- und Effizienzsteigerungen reduzieren.

3.3 Bei der Honorierung des Managed-Care mit Hilfe eines Kopfbudgets, das alle eigenen, verordneten und veranlaßten Leistungen enthält, gehen die Leistungsanbieter das höchste wirtschaftliche Risiko ein, weil die Varianz der individuellen Leistungen, die mit Hilfe des Kopfbudgets abgegolten werden, die höchste ist im Vergleich zu allen denkbaren Honorierungs- Leistungs-Kombinationen. Denn die tatsächlichen Gesamtausgaben des Managed-Care werden dann die heftigsten Schwankungen um die tatsächlichen Gesamteinnahmen produzieren. Dieses ökonomische Risiko ist durch einen Sicherheitszuschlag zu bewältigen, der alle Maßnahmen wie Sicherheitskapital, Rückversicherung, Selbsttragung des Risikos finanziert, die der Bewältigung des eingegangenen ökonomischen Risikos des Managed-Care dienen. Der Sicherheitszuschlag ist zu finanzieren über Effizienzsteigerung, also über die Differenz zwischen tatsächlichen Gesamteinnahmen als Summe der individuellen Kopfbudgets und den Gesamtkosten der erbrachten Leistungen. Je höher die Effizienzsteigerung ist, um so höher kann bei gegebenen Gesamteinnahmen der Sicherheitszuschlag sein. Je höher der Sicherheitszuschlag kalkuliert werden kann, um so niedriger ist die Verlustwahrscheinlichkeit für einen gegebenen Bestand an Leistungsnachfragern. Bei 2,5% Verlustwahrscheinlichkeit ist die Wahrscheinlichkeit eines Überschusses über die Kosten der Leistungserbringung 97,5%. Bei voller Selbsttragung des ökonomischen Risikos ist das der Gewinn der Leistungserbringer. Bei voller Abwälzung des ökonomischen Risikos durch Sicherheitskapital, das Zinskosten verursacht, und/oder Rückversicherungsschutz, der Prämienkosten verursacht, wird der dann sichere Gewinn niedrig sein. Risikofreudige Leistungserbringer werden eine höhere Verlustwahrscheinlichkeit und eine höhere Selbsttragung des ökonomischen Risikos eingehen. Risikoscheue Leistungsanbieter werden eine geringe Verlustwahrscheinlichkeit und eine geringe Selbsttragung des ökonomischen Risikos hinnehmen.

Bei gegebener Risikoneigung, dargestellt durch die höchste Verlustwahrscheinlichkeit, die durch die Leistungsanbieter hingenommen wird, bei gegebener Effizienzsteigerung und bei gegebenen individuellen Kopfbudgets ist eine Mindestanzahl von Leistungsnachfragern erforderlich, damit die Leistungserbringer das ökonomische Risiko des Managed-Care eingehen.

Ein einfaches Gedankenexperiment soll die grundlegenden Zusammenhänge zwischen Kopfbudgets und Mindestzahl der Leistungsnachfrager im Managed-Care veranschaulichen. Es werden verglichen zwei unterschiedliche, in sich aber homogene Bestände 1 und 2 von Leistungsnachfragern. Der Bestand 1 setzt sich zusammen aus unauffälligen Gesunden mit der individuellen Behandlungswahrscheinlichkeit $p_1 = 0{,}75$, den individuellen durchschnittlichen Behandlungskosten $m_1 = 2000$ und der Streuung der individuellen Behandlungskosten $\sigma_1 = 6000$. Der Bestand 2 setzt sich zusammen aus chronisch Kranken mit der individuellen Behandlungswahrscheinlichkeit $p_2 = 1$, den individuellen durchschnittlichen Behandlungskosten $m_2 = 7000$ und der Streuung der individuellen Behandlungskosten $\sigma_2 = 14000$. Dann ist im Bestand 1 der Streuungskoeffizient der individuellen Behandlungskosten $s^1_a = \sigma_1/m_1 = 3$ und im Bestand 2 ist er $s^2_a = \sigma_2/m_2 = 2$.

Daß $m_1<m_2$ und $\sigma_1< \sigma_2$ ist, braucht wohl keiner näheren Begründung. Daß $s^1_a > s^2_a$ ist, ist aber nicht sofort einsichtig. Daß das so sein muß, wird sofort klar, wenn man bedenkt, daß bei unauffälligen Gesunden die akuten Erkrankungen mit entsprechend hohen Behandlungskosten ein extremes Abweichen vom Durchschnitt ergeben, während bei den chronisch Kranken die Behandlungskosten der Ersterkrankungsfolgen und die Behandlungskosten der häufigen Folgeerkrankungen den Durchschnitt der Behandlungskosten schon so weit anheben, daß die hohen Behandlungskosten von akuten Erkrankungen eine geringere Abweichung vom Durchschnitt ergeben, trotz der höheren absoluten Streuung der Behandlungskosten.

Besonders deutlich wird das bei der Interpretation der empirischen Aussage, daß nur 5% der Versicherten 50% der Leistungsausgaben pro Jahr verursachen. Die allgemeine Interpretation dieser Aussage ist schlichtweg falsch. Die Interpretation, die dieser empirischen Aussage gerecht wird - im folgenden dargestellt - unterstützt die Annahme im Gedankenexperiment, daß $s^1_a > s^2_a$ ist.

Je gesünder ein Bestand ist, um so niedriger ist der Anteil derjenigen, die 50% der Gesamtausgaben eines Jahres verursachen. Je ungesunder also ein Bestand ist, um so höher ist der Anteil derjenigen, die 50% der Gesamtausgaben eines Jahres verursachen. Wenn also z.B. 5% eines heterogenen Bestandes 50% der Gesamtausgaben eines Jahres verursachen und der Bestand enthält 15% chronisch Kranke und damit 85% Gesunde und normal Auffällige, dann könnte es sein, daß von den 15% chronisch Kranken 1/5, also 3% des Gesamtbestandes zu den 5% des Bestandes zu zählen ist und von den 85% Gesunden und normal Auffälligen 1/40, also 2% des Gesamtbestandes zu den 5% zu zählen sind. Wenn für beide Gruppen die Erwartungswerte richtig kalkuliert werden, dann ist bei den chronisch Kranken die Verlustchance hoch, aber auch die Gewinnchance.

Das ökonomische Risiko des Managed-Care in Abhängigkeit von Größe und Zusammensetzung des Bestandes an Leistungsnachfragern kann mit Hilfe des Streuungskoeffizienten S_{MC} dargestellt werden. Die Annäherung von P. Braess (1960) an die o.a. Eigenschaften der Bestände 1 und 2 ist:[7]

$$s_{MC} = \sqrt{\frac{\sigma^2}{\mu^2}} = \sqrt{\frac{(1-p)+s_a^2}{np}}$$

mit n = Anzahl der Leistungsnachfrager, p = Behandlungswahrscheinlichkeit, 1-p = Nichtbehandlungswahrscheinlichkeit und s(a) = Streuungskoeffizient der Behandlungskosten.

7 Braess (1960, S. 55f. und S. 135f.)

Unter Verwendung der o. a. Zahlen und für n = 2000 ist für Bestand 1

$$s^1_{MC} = \sqrt{\frac{0,25+9}{0,75x2000}} = \sqrt{\frac{9,25}{1500}} \approx \frac{3}{38} \approx 0,08$$

und für Bestand 2

$$s^2_{MC} = \sqrt{\frac{0+4}{1x2000}} = \sqrt{\frac{2}{1000}} \approx \frac{1}{22,2} \approx 0,045$$

Wie sind nun die $S^1_{MC} \approx 0,08$ und $S^2_{MC} \approx 0,045$ zu interpretieren? Wird die Normalverteilung als Annäherung genommen, so sind bei einem Sicherheitszuschlag auf die erwarteten durchschnittlichen Behandlungskosten von $1S_{MC}$ - bei Bestand 1 also 8%, bei Bestand 2 also 4,5% - die Überschußwahrscheinlichkeit 84,15% und die Verlustwahrscheinlichkeit 15,85%. Bei einem Sicherheitszuschlag $2S_{MC}$ - also 16% bei Bestand 1 und 9% bei Bestand 2 - ist die Überschußwahrscheinlichkeit 97,7% und die Verlustwahrscheinlichkeit 2,3%. Bei einem Sicherheitszuschlag $3S_{MC}$ - also 24% bei Bestand 1 und 13,5% bei Bestand 2 - ist die Überschußwahrscheinlichkeit 99,87% und die Verlustwahrscheinlichkeit 0,13%.

Wir sehen: Nicht nur, daß das Managed-Care bei $m_1 < m_2$ im Bestand 1 mehr Leistungsnachfrager braucht als im Bestand 2 - im Zahlenbeispiel das 2,5-fache - um die gleichen Gesamteinnahmen zu erzielen wie im Bestand 2. Wegen $p_1 < p_2$ und $s^1_a > s^2_a$ ist der Bestand 1 risikoreicher als der Bestand 2. Da im Bestand 1 ein geringeres Potential für die Steigerung der Effektivität und der Effizienz durch Krankheits- und Kostenmanagement enthalten ist, sind auch die Möglichkeiten angesichts der Bedingung, daß die Managed-Care Mitglieder die Kassen nicht mehr kosten dürfen als die Kassen-Versicherten in der allgemeinen Versorgung, einen Sicherheitszuschlag für die Bewältigung der ökonomischen Risiken zu erwirtschaften und zu kalkulieren, im Bestand 1 geringer als im Bestand 2.

Empirische Untersuchungen zur Mindestgröße eines Managed-Care-Bestandes unter der Annahme, daß der Erwartungswert der Leistungen plus Sicherheitszuschlag im Managed-Care nicht höher sein darf als der Erwartungswert der Leistungen in der allgemeinen GKV-Versorgung, sind im Zusammenhang mit einem Projekt unter meiner Leitung durchgeführt worden. Es wurden der Ansatz von P. Albrecht (1992) und die Daten aus Leistungstarifen der Privaten Krankenversicherung verwendet. Es wurde angenommen, daß der heterogene Managed-Care-Bestand genau so zusammengesetzt ist, wie der gesamte PKV-Bestand. Es sollen hier nur die Ergebnisse dargestellt und interpretiert werden.

Tabelle 1: Mindestgröße eines Managed-Care-Bestands

Einsparung (e)	Leistungstarife					
	ambulant (Leistungstarif I)		stationär (Leistungstarif III)		Vollschutz (Leistungstarif V)	
5%	5.054	(ε=0,025)	35.508	(ε=0,025)	7.381	(ε=0,025)
	12.643	(ε=0,001)	88.824	(ε=0,001)	18.464	(ε=0,001)
10%	1.134	(ε=0,025)	7.967	(ε=0,025)	1.656	(ε=0,025)
	2.837	(ε=0,001)	19.930	(ε=0,001)	4.143	(ε=0,001)

In der Tabelle sind für Einsparungen von 5% - erste Zeile - und 10% - zweite Zeile - sowie für alternative Verlustwahrscheinlichkeiten von 2,5% - das $\varepsilon = 0{,}025$ - und 0,1% - das $\varepsilon = 0{,}001$ - die Mindestgrößen für ausschließlich ambulante - Leistungstarif I -, ausschließlich stationäre - Leistungstarif III - und volle Versorgung - Leistungstarif V - dargestellt. Wir sehen, daß es entscheidend vom Einsparerfolg abhängt, ob ein Managed-Care bei Finanzierung durch Kopfbudgets und Vollversorgung durch eigene, verordnete und veranlaßte Leistungen - diese Kombination übt die stärksten ökonomischen und medizinischen Anreize für Effektivitäts- und Effizienzsteigerung aus - eine Realisierungschance hat - siehe letzte Spalte der Tabelle. Bei 10%-Einsparungen ist für eine Verlustwahrscheinlichkeit von 2,5% schon ein Bestand von 1656 Leistungsnachfragern ausreichend, um das ökonomische Risiko einzugehen. Diese Zahl ist niedriger als die 1963 Einwohner pro Allgemeinarzt in Göttingen. Die optimale Anzahl aus medizinischer und ökonomischer Sicht wird weit darüber liegen.

Gegen die Ergebnisse der Berechnungen können viele Einwände erhoben werden. So wurden nur die alterskohorten-spezifischen Kopfschäden verwendet und die individuelle Streuung der Leistungsausgaben wurde nicht in Betracht gezogen. Das wurde aber im Gedankenexperiment oben berücksichtigt mit dem Ergebnis, daß die individuelle Streuung der Leistungsausgaben um so geringere Bedeutung hat für das ökonomische Risiko der Leistungsanbieter, je größer der Bestand an Leistungsnachfragern ist. Insgesamt ist festzustellen, daß Heterogenität der durchschnittlichen Erwartungswerte der Leistungsausgaben und Streuung der individuellen Leistungsausgaben kein Hindernis für ein Managed-Care auf Basis von Kopfbudgets und Vollversorgung ist.

3.4 Das führt unmittelbar zu Überlegungen zur maximalen Größe des Bestandes an Leistungsnachfragern eines Managed-Care, bei der noch Effektivitäts- und Effizienzsteigerungen durch Krankheitsmanagement und Kostenmanagement in dem Maße zu erwarten sind, daß es sich für alle Beteiligten lohnt. Hier spielt die Compliance eine entscheidende Rolle. Sie ist um so höher, je geringer die Anzahl der Leistungsnachfrager ist. Hier spielt beim Krankheitsmanagement, unter Einschluß des Fallmanagement, die Zusammenarbeit der Leistungsanbieter eine Rolle. Je besser die Leistungsanbieter fachlich und zwischenmenschlich auf ihre Patienten eingestellt sind, um so größer ist der Erfolg des Managed-Care. Das ist dann bestimmt der Fall, wenn die Zusammensetzung der Leistungsnachfrager so ist, daß pro Patient eine hohe Leistungsdichte erforderlich ist, wenn also der Anteil der chronisch Kranken besonders hoch ist.

Eine genaue Kalkulation des individuellen Kopfbudgets ist angesichts der gegenwärtigen empirisch-statistischen Daten nicht möglich. Es kann nur eine Verbesserung der Situation gegenüber dem Ausgangszustand geben, in dem für das Kopfbudget nur der durchschnittliche Erwartungswert der Ausgaben einer Alterskohorte als Orientierungsgröße zur Verfügung steht. Diese Zahlen sind sehr ungenau. Es ist nur eine geeignete Kalkulation mit dem Ziel möglich, daß Cream Skimming zu Lasten der chronisch Kranken nicht stattfindet.

4.1 Dabei ist von folgenden Überlegungen auszugehen. So sehr sich chronische Erkrankungen und "normale" Auffälligkeiten in Ursachen, Vorerkrankungen, Behinderungen, Beschwerden, Erst- und Folgeerkrankungen, im Krankheitsbild und im zeitlichen Verlauf unterscheiden, so wenig unterscheiden sie sich jeweils in den durchschnittlichen erwarteten Leistungsausgaben. Dabei sind innerhalb einer chronischen Erkrankung (z.B. Diabetes) oder einer "normalen" Auffälligkeit (z.B. orthopädische Beschwerden) die individuellen Unterschiede groß. Diese Unterschiede sind sowohl auf das Verhalten der Patienten (gut eingestellte oder schlecht eingestellte Diabetiker, gut eingestellte oder schlecht eingestellte Patienten mit ungeklärtem Rückenleiden) als auch auf die Behandlung durch die Ärzte zurückzuführen (gute oder schlechte Einstellung der Patienten ist auf den Grad der Compliance und die Behandlungsmethode der Ärzte zurückzuführen).
Es scheint so zu sein, daß nur ganz wenige Gefahrengruppen für eine geeignete Kalkulation der individuellen Kopfbudgets zu bilden sind und daß die relativen Größenverhältnisse der Kopfbudgets einigermaßen so abzuschätzen sind, daß ein widersinniges Cream Skimming durch die Leistungsanbieter des Managed-Care vermieden wird. Aber die durchschnittlichen absoluten Erwartungswerte der Gefahrengruppen sind höchst umstritten (die Zahlen in der Literatur sind sehr unterschiedlich und bei näherem Hinsehen kaum zu gebrauchen). Auch sind die Anteile der Gefahrengruppen an den Alterskohorten sehr umstritten. Die Abgrenzung der Gruppen nach Primärerkrankungen und Folgeerkrankungen ist sehr schwierig und deshalb sind Doppelzählungen kaum zu vermeiden.

4.2 Daraus ergibt sich die folgende Vorgehensweise bei der Kalkulation der Kopfbudgets.

(1) Grundlage der Kalkulation sind die alterskohorten-spezifischen durchschnittlichen Erwartungswerte der Leistungsausgaben für Männer und Frauen. Das sind im deutschen GKV-System die alters- und geschlechtsspezifischen durchschnittlichen erwarteten Leistungsausgaben der Risikostrukturausgleichsdaten. Diese Daten sind gegebenenfalls den regionalen Rahmenbedingungen anzupassen.

(2) Jede Alterskohorte ist in sich heterogen. Diese Heterogenität ist zu berücksichtigen, indem die Alterskohorte in Gefahrengruppen aufzuteilen ist. Die alterskohorten-spezifischen durchschnittlichen Erwartungswerte der Leistungsausgaben sind unter

Wahrung der Kostenneutralität auf die Gefahrengruppen aufzuteilen. Die Aufteilung geschieht allein unter dem Kriterium, daß keine Selektions- und Antiselektionsanreize bestehen bleiben. Es ist nicht die maximale, sondern nur die optimale Anzahl von Gefahrengruppen zu bilden. Das wäre einem Versuch- und Irrtumsprozeß zu überlassen mit der Ausgangssituation, daß im Minimum drei Gefahrengruppen zu bilden wären. Das wäre die Gefahrengruppe 1 mit niedrigem durchschnittlichen Erwartungswert der Leistungsausgaben - die Unauffälligen; das wäre die Gefahrengruppe 2 mit mittlerem durchschnittlichen Erwartungswert der Leistungsausgaben - die durch Vorerkrankungen, Behinderungen und bestimmte Beschwerden "normalen" Auffälligen; und das wäre die Gefahrengruppe 3 mit hohem durchschnittlichen Erwartungswert der Leistungsausgaben - die chronisch Kranken.

(3) Der alters- und geschlechtsspezifische Durchschnitt wird nach dem Neutralitätsansatz auf die drei Gefahrengruppen aufgeteilt. Dabei spielt eine Rolle, welchen Anteil die jeweilige Gefahrengruppe an der Alterskohorte hat und mit welchem Multiplikator der alters- und geschlechtsspezifische Durchschnitt zu multiplizieren ist. Die Anteile können angesichts des empirischen Materials nur grob geschätzt werden. Das gleiche gilt für die Multiplikatoren. Grundsätzlich sinkt der Anteil der Gruppe 1 mit zunehmender Alterskohorte, steigen die Anteile der Gruppe 2 und der Gruppe 3. Die altersbedingte Steigerung der durchschnittlichen Ausgaben ist also zum großen Teil durch die Steigerung der Anteile der Gruppen 2 und 3 zu erklären. Zusätzlich ist davon auszugehen, daß in den Gruppen 2 und 3 der durchschnittliche Wert altersbedingt steigt infolge Multimorbidität und immer größeren Aufwand zur Erzielung eines Heilungserfolges.

(4) Für die Kalkulation ergibt sich aus den Aussagen unter (1) bis (3) das Folgende: Bezeichnen wir die Alterskohorten mit j, die Anteile der Gefahrengruppen mit $R_{1,2,3}$ und die Multiplikatoren mit $f_{1,2,3}$, so muß für die Aufteilung der alterskohorten-spezifischen durchschnittlichen Leistungsausgaben (im folgenden Kopfschaden genannt) gelten

$$1 \geq f_{1j} R_{1j} + f_{2j} R_{2j} + f_{3j} R_{3j}$$

Empirisch-statistische Untersuchungen, die unter 4.3 gleich im Anschluß dargestellt und interpretiert werden, zeigen, daß im Durchschnitt über alle Alterskohorten die Gefahrengruppe R_1 - also die Unauffälligen - einen Multiplikator $f_1 = 0,5$, die Gefahrengruppe 2 - also die "normalen" Auffälligen - einen Multiplikator $f_2 = 1,3$ und die Gefahrengruppe R_3 - die chronisch Kranken - einen Multiplikator 2,1 haben müßten, um "rationales" Cream-Skimming des Managed-Care zu vermeiden. Für die Alterskohorten sind aber wegen des "bias" der durchschnittlichen Kopfschäden die Multiplikatoren f_j zu modifizieren. Aus den Aussagen zu (1) bis (3) in diesem Abschnitt 4.2 und den empirisch-statistischen Untersuchungen unter 4.3 ergibt sich, daß in den Alterskohorten bis zum 44. Lebensjahr der "bias" der durchschnittlichen Kopfschäden in Richtung der Unauffälligen R_1 liegt, der Durchschnitt zwischen R_1 und R_2 liegt; bei den Alterskohorten zwischen 45. und dem 64. Lebensjahr kaum ein "bias" in Richtung von R_3 besteht und in den Alterskohorten ab dem 65. Lebensjahr liegt der "bias" in Richtung der chronisch Kranken R_3, der Durchschnitt liegt zwischen R_2 und R_3.

Als grobe Annäherung an eine Lösung des Problems der geeigneten Kalkulation der Kopfbudgets ergibt sich daraus, daß für die Jahrgänge 0 bis 44 für

- R_1 der Multiplikator $f_{1,0\text{-}44}$ mit mindestens 0,5

- R_2 der Multiplikator $f_{2,0\text{-}44}$ im Durchschnitt mit 1,5 und
- R_3 der Multiplikator $f_{3,0\text{-}44}$ im Durchschnitt mit 2,5

festzusetzen wäre; daß für die Jahrgänge 45 bis 64 für

- R_1 der Multiplikator $f_{1,45\text{-}64}$ mit mindestens 0,5
- R_2 der Multiplikator $f_{2,45\text{-}64}$ im Durchschnitt mit 1 und
- R_3 der Multiplikator $f_{3,45\text{-}64}$ im Durchschnitt mit 2

festzusetzen wäre; und daß für die Jahrgänge 65 und älter für

- R_1 und R_2 der Multiplikator $f_{2,65\text{ und älter}}$ mit mindestens 0,5
- R_3 der Multiplikator $f_{3,65\text{ und älter}}$ im Durchschnitt mit 1,5

festzusetzen ist. Es ist darauf zu achten, daß die Übergänge zwischen den Alterskohorten kontinuierlich sind.

Die Begründung dafür, warum für die R_1 und R_2 der über 65-jährigen der Rest der alterskohortenspezifischen Kopfschäden gleichmäßig aufzuteilen ist, nachdem den chronisch Kranken R_3 das 1,5-fache der Kopfschäden zugeteilt wurde, ist, daß in diesen Jahrgängen die "Sterbekosten" (Zweifel, 1995) eine große Rolle spielen, und sie verschonen nicht die Leistungsnachfrager der Gefahrengruppe 1.

Auf den Multiplikator für die Gefahrengruppe 3 muß kurz eingegangen werden. Die chronisch Kranken in der Gefahrengruppe 3 sind sehr unterschiedlich nach Krankheitsart, Krankheitsverlauf und Krankheitsverhalten, entsprechend sehr unterschiedlich nach erwarteten Leistungsausgaben. Dabei spielen die Dauer der Erkrankung, die Art der Behandlung der Krankheit und die während der Dauer der Erkrankung sich einstellenden Folgeerkrankungen eine Rolle. Dauer und Behandlung beeinflussen die Komplikationen der Folgeerkrankungen. Das alles berücksichtigt, widerlegt nicht die aus der Empirie gewonnenen Erkenntnisse. Ein am Durchschnitt der erwarteten Ausgaben für chronisch Kranke orientierter einheitlicher Multiplikator bildet angesichts der Tatsache, daß die durchschnittlichen Behandlungskosten pro Krankheitsart überraschend wenig differieren, die Risiko- und Ertragslage dieser Gefahrengruppen besser ab als eine vermeindlich genaue Erfassung der Risikosituation durch eine Vielzahl von Multiplikatoren. Dieser Sachverhalt ist in der Statistik bekannt. So zeigt das Bootstrap-Verfahren, daß es eine optimale, relativ geringe Anzahl der zu erfassenden Merkmale gibt, die eine Abbildung der Realität besser ermöglichen als eine höhere oder eine niedrigere Anzahl.

Es ist allerdings nicht gesichert, ob die alters- und geschlechtsspezifischen durchschnittlichen Kopfschäden, aufgeteilt unter der Neutralitätsannahme auf drei Gefahrengruppen mit Hilfe von drei Multiplikatoren, die optimale Anzahl der Merkmale darstellt. Das herauszufinden, sollte einem Versuchs- und Irrtums-Anpassungsprozeß im Managed-Care Modell überlassen werden. Dabei ist das grundlegende Argument für einen derartigen Versuchs- und Irrtums-Anpassungsprozeß die Erwartung, daß die Art der Behandlung und das Krankheitsverhalten der chronisch Kranken im Managed-Care Modell die erwarteten durchschnittlichen Ausgaben und die Streuung der Ausgaben entscheidend verändern könnten.

Weil zu erwarten ist, daß die Compliance der chronisch Kranken sowohl die erwarteten durchschnittlichen Leistungsausgaben senken als auch die erwartete Streuung der Leistungsausgaben verbessern können, wäre es für die Leistungsanbieter vorteilhaft, durch geeignete Anreize die Compliance zu verbessern. Bei Kontrahierungszwang ist auf einen Ausgleich der Non-Compliance der Unverbesserlichen im Bestand zu hoffen.

Außerdem könnten strenge Kriterien für das erzwungene Ausscheiden der Unverbesserlichen zwischen Kassen und dem Managed-Care Modell vereinbart werden.

4.3 Die empirisch-statistische Begründung der qualitativen Aufteilung in die Gefahrengruppen 1 bis 3 und die Bestimmung der entsprechenden Anteile R_1 bis R_3 sowie der qualitativen Vorgaben der Multiplikatoren f_1 bis f_3 soll nun anhand der folgenden Tabellen und Abbildungen geschehen. Es geht dabei um sehr ungenaue Größen und Beziehungen. Das ist aber angesichts der grundsätzlich sehr ungenauen Informationen, die den am Managed Care Modell Beteiligten zur Verfügung stehen, kein hinderlicher Grund, so vorzugehen, wie im folgenden dargestellt.

Zugrunde gelegt werden die durchschnittlichen Kopfschäden. Abbildung 1 stellt beispielhaft die altersabhängigen durchschnittlich erwarteten Leistungsausgaben (Kopfschäden) für weibliche Versicherte in der Gesetzlichen Krankenversicherung dar.

Abbildung 1: Kopfschäden weiblicher Versicherter in der GKV

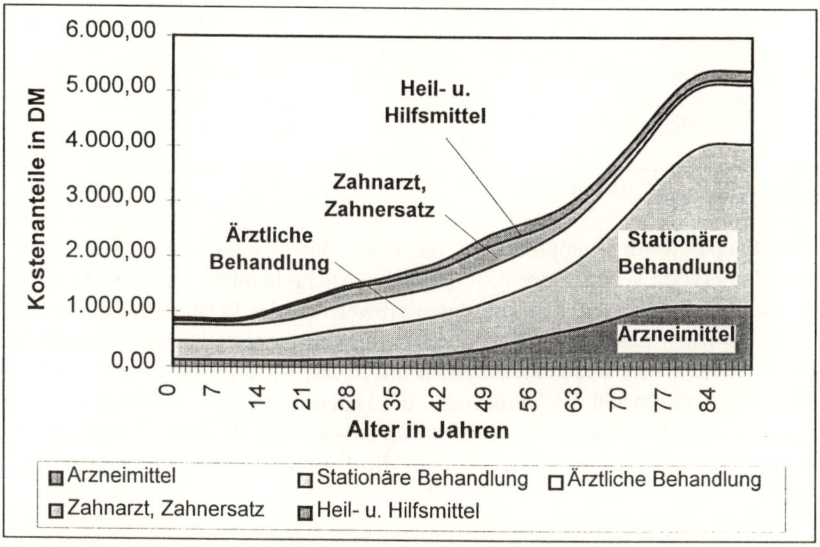

Quelle: Berechnung nach IGES-DATEN 1995, in: Reschke/Jacobs (1994).

Die Daten dieser Abbildung 1 beruhen auf den Schätzungen des Instituts für Gesundheits- und Sozialforschung (IGES) für das Jahr 1995. Die behandlungsbedingten Leistungsausgaben gliedern sich in Ausgaben für Heil- und Hilfsmittel, Zahnarzt und Zahnersatz, ärztliche Behandlung, stationäre Behandlung und Arzneimittel. Leistungen für Mutterschaft, Krankengeld und sonstige nicht behandlungsbedingte Leistungen bleiben unberücksichtigt.

Die Kopfschäden steigen bis etwa dem 64. Lebensjahr mäßig an. Ab dem 65. Lebensjahr bis zum 85. Lebensjahr steigen die Kopfschäden stark an. Stark altersabhängig sind Ausgaben für Arzneimittel und stationäre Behandlung. Daraus ist auf eine altersbedingte Zunahme der Anteile der Gefahrengruppen 2 und 3 und Abnahme des Anteils der Gefahrengruppe 1 zu schließen.

Das wird erhärtet durch die Tabellen des Zentralinstituts (1994) auf S. 45 und S. 94. In Abbildung 2 sind im Kasten "Neue Diagnose/Verdachtsdiagnose" die Anteile der Personen unter 35 Jahren und aller Altersjahrgänge bis zum 65. Lebensjahr an Krankheitsarten dargestellt. Die Hyperlipidämie und die Hypertonie wäre zur Vermeidung von Doppelzählungen größtenteils unter dem Aspekt der Multimorbidität den entsprechenden chronischen Erkrankungen zuzurechnen. Eine einfache Addition der Anteile in Abbildung 2 würde den Anteil von R_1 und R_3 überschätzen.

Abbildung 2: Ausgewählte Gesundheitsuntersuchungsergebnisse von Personen unter 35 Jahren und Teilnehmer aller Altersgruppen (Auszug)

Neue Diagnose/Verdachtsdiagnose		
Hyperlipidämie	18,4	24,8
"andere Krankheiten" gemäß Vordruck	15,4	13,5
orthopädische Erkrankungen	9,2	10,3
Hypertonie	4,3	7,8
Diabetes mellitus	2,2	5,3
koronare Herzkrankheit	0,8	5,0
Nierenerkrankung	3,3	4,4
art. Verschlußkrankheit	0,3	2,4

Quelle: Zentralinstitut (1994, S. 45).

In Abbildung 3 werden empirische Ergebnisse aus England von Matsaganis/Glennerster (1994) verwendet, um Anteile und Kostenrelationen zu gewinnen, die Rückschlüsse auf Gefahrengruppen und deren Abweichen der Leistungsausgaben von den durchschnittlichen Leistungsausgaben des Gesamtbestandes erlauben. Obwohl die Daten sich auf ein anderes Gesundheitssystem mit anderen Preisrelationen für die Leistungen beziehen und obwohl die Umformung der Daten für unsere Zwecke mit starker Abweichung von den Ursprungswerten verbunden ist - so sind Doppelzählungen zu eliminieren - können die Daten uns Hinweise auf die Kostenrelationen geben (vgl. dazu Abbildung 3).

Abbildung 3: Anteile von Risikogruppen am Gesamtbestand und Ausgabenrelationen

Patientengruppe:	Anzahl der Fälle	Fälle im Verh. zu allen Patienten		Kosten im Verh. zum Durchschnitt	*Gefahren-gruppe*
"clean record"	703	**0,47**	**Faktor**	**0,5**	*1*
Magen / Leber	94	0,06		1,3	*2*
Lunge	137	0,09		1,3	*2*
Rücken	362	0,24		1,2	*2*
Disability	19	0,01		1,5	*2*
doppelt:	-100	-0,07			
	Summe:	**0,34**	**Faktor**	**1,3**	
Diabetes	37	0,02		2,7	*3*
Krebs	28	0,02		2,1	*3*
Herz / Schlaganfall	205	0,14		2,0	*3*
Niere	48	0,03		2,4	*3*
Mental Disorder	164	0,11		2,1	*3*
doppelt:	-191	-0,13			
	Summe:	**0,19**	**Faktor**	**2,1**	
Unfälle	35			0,6	
alle Patienten	1541			**1,0**	
Patienten ohne Unfälle	1506	**1,00**			
Fälle-insgesanmmt:	1541				

Quelle: Berechnungen von Matsaganis / Glennerster (1994, S. 40).

Zunächst kann der Gesamtbestand in drei Gefahrengruppen aufgeteilt werden mit jeweils durchschnittlichen Multiplikatoren pro Gefahrengruppe.[8] Für den Gesamtbestand haben wir dann die folgende Beziehung:

$$1 \geq f_1 \text{ x } R_1 + f_2 \text{ x } R_2 + f_3 \text{ x } R_3$$

So ergibt sich:

$$0{,}47 \text{ x } 0{,}5 + 0{,}34 \text{ x } 1{,}3 + 0{,}19 \text{ x } 2{,}1 \approx 1$$

Die einzelnen Gefahrengruppen sind dabei

- R_1 die Unauffälligen; das sind die ohne Diagnose;
- R_2 die "normalen" Auffälligen; das sind die mit Magen-, Leber-, Rückenproblemen und die Behinderten;
- R_3 die chronisch Kranken; das sind die mit Diabetes mellitus, mit Krebs, mit Herz- und Schlaganfällen, mit Nierenerkrankungen und psychischen Erkrankungen.

Die Aufteilung führt nicht dazu, daß sie in sich homogen sind. Sie sind immer noch sehr heterogen. Es wird ein Ausgleich in der Gruppe und vor allem über die Gruppen, also im hinreichend großen Gesamtbestand erwartet. Dabei ist für besonders hohe Be-

8 Die Bildung von Gefahrengruppen nach Diagnose ist als bester Weg zu risikogerechten Kopfbudgets (Capitative Payments) erkannt worden. Die Literatur zu empirisch-statischen Kalkulationen der Kopfbudgets ist inzwischen sehr umfangreich. Hier sei auf Ash u.a. (1984), Matsaganis / Glennerster (1994), Newhouse u.a. (1989), Van de Ven u.a. (1992, 1993 und 1994) verwiesen.

handlungskosten (z.B. Dialyse) zu überlegen, ob die Managed-Care Anbieter sie selber tragen oder über Rückversicherung absichern.

Um die altersabhängigen Anteile der Gefahrengruppen darzustellen, werden die Zahlen aus den Abbildungen 2[9] und 3 unter den oben schon angestellten Überlegungen - Vermeidung von Doppelzählungen, Überschätzung der Morbiditäten u.a. - zusammengeführt. Die altersabhängigen Anteile der Gefahrengruppen werden in Abbildung 4 hauptsächlich dadurch ermittelt, daß die Anteile für die unter 35jährigen aus Abbildung 2 vereinfacht auf das Alter 20 und die Anteile für die über 35jährigen auf das Alter 60 bezogen werden. Dabei wird linear extrapoliert (vgl. dazu Abbildung 4).

Abbildung 4: Altersabhängige Gefahrengruppen an den Kopfschäden - schematische Darstellung

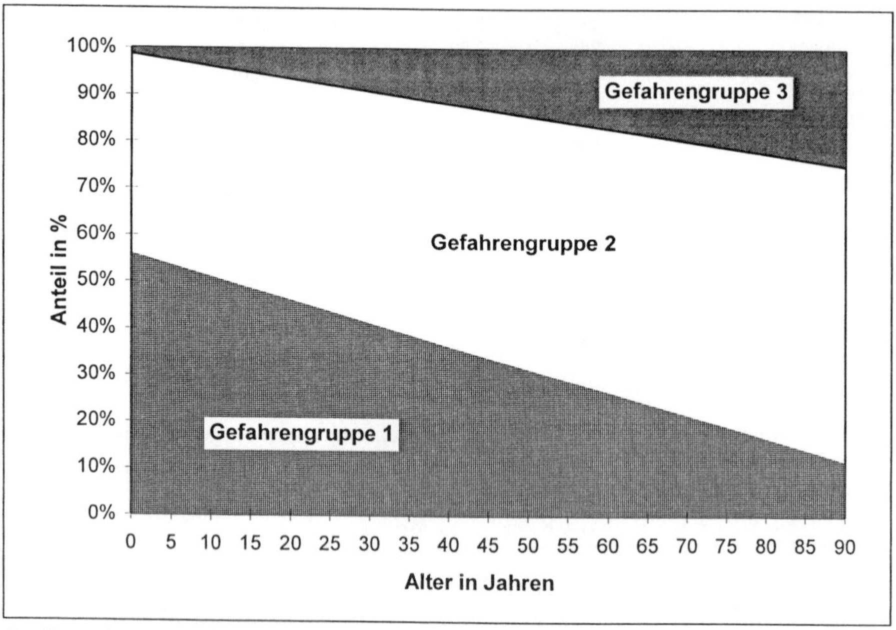

Quelle: Eigene Berechnungen nach Zentralinstitut (1994, S. 45); Matsaganis/Glennerster (1994, S. 40).

Die durchschnittlichen Multiplikatoren für die Gefahrengruppen werden entsprechend den Überlegungen unter 4.2 alterskohortenspezifisch festgelegt, wobei nur Plausibilitätsüberlegungen gegenwärtig als Rechtfertigung für die Zahlen angeführt werden können. Ausgehend von der Gewißheit, daß die altersabhängigen durchschnittlichen Kopfschäden die Leistungsausgaben für alle Gefahrengruppen enthalten, daß die Summe der mit den Multiplikatoren gewogenen Anteile nicht größer als 1 sein darf, daß in

9 Die in Abbildung 2 dargestellten Anteile überschätzen in Verbindung mit den Darstellungen des Zentralinstituts (1994, S. 94f.) die Morbidität in Abhängigkeit vom Alter stark. Es kommt zu Doppelzählungen - über 100% eines Jahrganges können nicht zu den Risikogruppen 2 und 3 gehören.

jungen Jahren der durchschnittliche Kopfschaden zwischen Gefahrengruppe 1 und 2, im hohen Alter der durchschnittliche Kopfschaden zwischen Gefahrengruppe 2 und 3 liegt und daß Gefahrengruppe 1 mindestens 0,5 des durchschnittlichen Kopfschadens als Kopfbudget zuzurechnen ist, muß für R_1, R_2 und R_3 gelten.

$1 \geq 0{,}5\ R_1 + 1{,}5\ R_2 + 2{,}5\ R_3$ für 0 bis 44-jährige

und

$1 \geq 0{,}5\ R_1 + 1\ R_2 + 2\ R_3$ für 45 bis 64-jährige

und

$1 \geq x\ R_1 + x\ R_2 + 1{,}5\ R_3$ für 65-und älterjährige,

wobei sich x bei den 65- und älterjährigen aus der zu verteilenden Restmasse ergibt. Bei den 0 bis 44-jährigen und den 45- bis 64-jährigen wird der Rest nach Zuteilung des Kopfschadens mit den Anteilen R_2 und R_3 entsprechend dem Multiplikator R_1 zugeteilt, mindestens aber das 0,5-fache des Kopfschadens.

5 Schlußfolgerungen

Managed-Care im GKV-System ist nur dann anzustreben, wenn die grundlegenden Ziele der langfristigen Sicherung der Wirtschaftspläne der GKV-Versicherten gegen die wirtschaftlichen Folgen von Krankheiten durch den Solidarausgleich durch die erhofften Effektivitäts- und Effizienzsteigerungen unterstützt werden.

Managed-Care trägt dann am meisten zu diesen Zielen bei, wenn die ökonomischen und medizinischen Anreize am stärksten sind. Das ist dann der Fall, wenn möglichst die Versicherten mit den höchsten erwarteten Leistungsausgaben dem Managed-Care freiwillig beitreten und dann der Fall, wenn fachlich hochmotivierte und risikobereite Ärzte die Versicherten mit den höchsten erwarteten Leistungsausgaben freiwillig akzeptieren. Die Versicherten mit den höchsten erwarteten Leistungsausgaben werden natürlich dann freiwillig akzeptiert, wenn der Preis "richtig" ist, weil da viel zu tun ist und viel zu bewirken ist durch Krankheits- (einschließlich Fall-)management und Kostenmanagement. Der "richtige" Preis muß zusätzlich die stärksten ökonomischen Anreize für Krankheits- und Kostenmanagement mit dem Ziel der höchsten Effektivitäts- und Effizienzsteigerung haben. Dieser "richtige" Preis ist das risikoadäquate Kopfbudget für Vollversorgung mit eigenen, verordneten und veranlaßten Leistungen des Managed-Care.

Eine genaue Kalkulation des risikoadäquaten Kopfbudgets ist nicht möglich - theoretisch und empirisch nicht -, sondern nur eine geeignete. Eine "geeignete" Kalkulation unter Berücksichtigung der Informationslage aller Beteiligten - Kassen, Versicherte und Ärzte - ist eine Kalkulation, die Cream Skimming zu Lasten der chronisch Kranken verhindert und damit den Erfolg von Managed-Care im Sinne der oben erwähnten Ziele sicherstellt. Hierfür sind als Grundlage die alterskohorten-spezifischen Kopfschäden der GKV, wie sie für den Risikostrukturausgleich ermittelt werden, geeignet.

Albrecht, Peter, "Überlegungen zur Kalkulation eines risikoadäquaten Schwankungszuschlags in der Krankheitskosten-Versicherung", *Blätter der Deutschen Gesellschaft für Versicherungsmathematik,* 11 (1992), S. 151-168.

Arnold, Michael u. Paffrath, Dieter (Hrsg.), *Krankenhaus-Report '96,* Stuttgart 1996.

Ash, Arlene/Porell, Frank/Gruenberg, Leonard/Sawitz, Eric/Beiser, Alexa, "Adjusting Medicare Capitation Payments Using Prior-Hospitalization Data", *Health Care Financial Review,* 10 (1989), S. 17-29.

Bergmann, Karl E., "Diabetes mellitus in Deutschland - Verbreitung, Bedeutung, Wissenslücken und Handlungsbedarf", *Die Betriebskrankenkasse,* 73 (1995) S. 743-748.

Bundesverband der Betriebskrankenkassen, "Arbeitskreis Kombinierte Budgets", hier Diskussionsstand aus Sicht des BKK Bundesverbandes, *unveröffentlichtes Arbeitspapier vom 17.5.1994,* Bl. 1-7, Essen 1994a.

Bundesverband der Betriebskrankenkassen, "Kombinierte Budgets", *unveröffentlichtes Arbeitspapier,* Bl. 1-19, Essen 1994b.

Bundesverband der Betriebskrankenkassen et al., "Kassenärzte und Betriebskrankenkassen starten in Berlin erstes Projekt der integrierten Versorgung in Deutschland", *Presse-Information des Bundesverbandes der Betriebskrankenkassen, des Landesverbandes der Betriebskrankenkassen Berlin-Brandenburg und der Kassenärztlichen Vereinigung Berlin vom 18.7.1995,* S. 1-3, Berlin 1995.

Blomquist, Ake, "The doctor as double agent - information asymmetry, health insurance and medical care", *Journal of Health Economics,* 10 (1991), S. 411-432.

Braess, Paul, *Versicherung und Risiko,* Wiesbaden 1960.

Breyer, Friedrich/Zweifel, Peter, *Gesundheitsökonomie,* Berlin 1992.

Clark, David/Olsen, J. A., "Agency in health care with an endogenous budget constraint", *Journal of Health Economics,* 13 (1994),S. 231-251.

Glaeseke, Gerd/Stillfried, Dominik Graf von, "Einleitende Bemerkungen zum Thema Disease Management - Möglichkeiten und Grenzen aus Sicht der GKV", *Die Ersatzkasse,* 76 (1996), S. 49.

Goldman, Dana P./Hosek, Susan D./Dixon, Lloyd S./Sloss, Elizabeth M., "The effects of benefit design and managed care on health care costs", *Journal of Health Economics,* 14 (1995), S. 401-418.

Hildebrand, Helmut/Domdey, Andreas, "Disease Management. Effizienzsteigerung - Verbesserung der Qualität der Gesundheitsversorgung - Reorganisation der Behandlungsabläufe", *Die Ersatzkasse,* 76 (1996), S. 50-54.

Klahre, Andrea S., "Des Diabetikers Dilemma. Notwendigkeit effizienter Schulung zur Prävention und Kostenersparnis", *Die Welt,* 10. August 1996, S. 8.

Kohlmeier, L./Kroke, A./Pötzsch, J,/Kohlmeier, M./Martin, K., "Ernährungsabhängige Krankheiten und ihre Kosten", *Schriftenreihe des Bundesministeriums für Gesundheit,* Bd. 27 (1993), Baden-Baden.

Kubitschek, Jochen, "Für eine gute Qualität der Medizin. Kostenbegrenzung im Gesundheitswesen: Ist das Konzept des 'Disease Management' die Lösung?", *Die Welt,* 29. Juni 1996, S. 9.

Lauterbach, Karl W./Arnold, Michael, " 'Managed Care': eine Lösung der Probleme im Gesundheitswesen Deutschlands?" *Das Krankenhaus,* 87 (1995), S. 254-259.

Matsaganis, Manos/Glennerster, Howard, "The threat of 'cream skimming' in the postreform NHS", *Journal of health economics,* 13 (1994), S. 31-60.

Newhouse, Joseph P./Manning, Willard. G./Keeler, Emmett B./Sloss, Elizabeth .M., "Adjusting capitation rates using objective health measures and prior utilization", *Health Care Financing Review,* 10 (1989), S. 41-54.

Orlowski, Ulrich, "Erprobung von 'Managed-Care' in Deutschland?", *Die Betriebskrankenkasse,* 74 (1996), S. 280-287.

Popp, Ekhard, *Ökonomie und Versicherungstechnik in der managed-care-Versorgung.* Schriften zur Gesundheitsökonomie, Bd. 19, Bayreuth 1997.

Reschke, Peter/Jacobs, Klaus, "GKV-Ausgabenprofile nach Alter und Geschlecht", *Gutachten im Auftrag des Bundesversicherungsamtes,* IGES-Papier Nr. 94-42, Berlin 1994.

Sachverständigenrat für die Konzertierte Aktion im Gesundheitswesen, "Gesundheitsversorgung und Krankenversicherung 2000: Mehr Ergebnisorientierung, mehr Qualität und mehr Wirtschaftlichkeit", *Sondergutachten,* Baden-Baden 1995.

Schönbach, Karl-Heinz, "Kombinierte Budgets". *Die Betriebskrankenkasse,* 72 (1994), S. 390-395.

Tresnowski, Bernard R., "Managed Care: Rhetoric and Realities", *Inquiry,* Vol. 31 (1994) S. 124-128.

Van de Ven, Wynand P. M. M./van Vliet, René C. J. A., "How can we prevent cream skimming in a competitive health insurance market? The great challange for the 90's", in: Frech, T./Zweifel, P. (Hrsg.), *Health economics worldwide*, Amsterdam 1992, S. 23-46.

Van de Ven, Wynand P. M. M./van Vliet, René C. J. A., "Capitation payment based on prior hospitalizations", *Health Economics,* Vol. 2 (1993), S. 177-188.

Van de Ven, Wynand P .M .M./van Vliet, René C. J .A./van Barneveld, E.M./Lamers, L.M., "Risk-Adjusted Capitation: Recent Experiences in the Netherlands", *Health Affairs,* Vol. 13 (1994), S. 120-136.

Zentralinstitut für die kassenärztliche Versorgung in der Bundesrepublik Deutschland, "Bewertung der Wirksamkeit der Gesundheitsuntersuchungen gemäß § 25 SGB V", *Wissenschaftliche Reihe,* Bd. 49, Köln 1994.

Zusammenfassung

Managed-Care-Modelle sollen durch Krankheits-Management und durch Kosten-Management die Wirksamkeit gesundheitlicher Leistungen steigern und die Kosten der gesundheitlichen Versorgung senken. Das größte Wirksamkeits- und Kostensenkungspotential ist bei den Versicherten zu vermuten, die einen sehr hohen Erwartungswert der Leistungen haben - den chronisch Kranken. Dem steht die geläufige These entgegen, daß Managed-Care-Modelle Risikoselektion gegen Versicherte mit hohem Erwartungswert der Leistungen betreiben. Das kann nur Folge falscher Preisbildung für Managed-Care-Leistungen sein.

Unter plausiblen und empirisch realistischen Annahmen wird nachgewiesen, daß es am günstigsten ist, wenn gerade Versicherte mit einem besonders hohen Erwartungswert der Leistungen einem Managed-Care-Modell freiwillig beitreten und wenn sich besonders qualifizierte und risikobereite Ärzte zusammenfinden, die gerade diese Versicherten freiwillig akzeptieren. Das geschieht bei richtiger Preisbildung und richtiger Größe des Managed-Care-Modells. Der richtige Preis für Managed-Care-Leistungen ist das risikoadäquate Kopfbudget für die erwarteten Leistungen. Die erwarteten Leistungen sind die eigenen, die verordneten und die veranlaßten Leistungen des Managed-Care-Modells. Das risikoadäquate Kopfbudget erzeugt die stärksten medizinischen und ökonomischen Anreize für die Ausnutzung des Wirksamkeits- und Kostensenkungspotentials.

Es werden Verfahren und erste Ergebnisse der Kalkulation der Kopfbudgets und der Größe des Managed-Care-Modells dargestellt.

Summary

Managed care has to increase effectiveness and to reduce costs of health care by disease management and cost containment. The largest potential for effectiveness and cost containment is with those insured who have a high expected value of health services - those with chronic diseases. Contrary to this is the observation that there is an adverse selection of managed care against insured with high expected value of services. That can be a result of false pricing of managed care services.

Under plausible and empirically realistic assumptions it is demonstrated that it is most effective to have the insured with high expected value of health services voluntarily in managed care and high qualified and risk-oriented physicians to join and to accept these insured voluntarily. That happens at right pricing and at the right size of the managed-care-model. The right pricing for managed care is the risk-oriented capitation for expected health care. The expected health care services are the interior and the exterior services of the managed care model. The risk-oriented capitation fees produce the strongest medical and economic incentives for exploitation the potentials of effectiveness and cost containment.

Methods and preliminary results of calculation of capitation fees and size of managed care models are presented.

Koreferat zu: „Managed-Care-Modelle für chronisch Kranke in der Gesetzlichen Krankenversicherung“

Klaus-Dirk Henke, TU Berlin

Das vorliegende Koreferat stellt einige Managed-Care-Begriffe vor und ordnet sie dem Modell für chronisch Kranke zu. Im nächsten Schritt wird der Status quo des deutschen Gesundheitswesens im Jahre 1996 exemplarisch dargestellt und ausgeführt, warum eine Einführung eines speziellen Versicherungsangebots für chronisch Kranke zur Zeit nicht möglich ist. Abschließend werden mögliche Erweiterungen des Systems der Gesetzlichen Krankenversicherung (GKV) durch Elemente von Managed Care diskutiert.

1 Einordnung des Modells in das Umfeld und die Begrifflichkeit von Managed Care

Managed Care läßt sich unterscheiden in *„Klinisches Managed Care“* und *„Kaufmännisches Managed Care“*, wie es in der folgenden Übersicht dargestellt ist.

Übersicht 1: Verschiedene Aufgaben eines Managed Care

Klinisches Managed Care	Kaufmännisches Managed Care
- Krankheitsfallmanagement	- Einschränkung der Arztwahl
- Ergebnismanagement	- Einschränkung der Leistungen
- Leitlinienmanagement	- Positiv-/Negativlisten
- Compliancemanagement	- Wirtschaftlichkeitsprüfungen
- Präventionsmanagement	- kombinierte Budgets
- Diagnosemanagement	- Kopfbudgets
- Therapiemanagement	- durchschnittliche Kopfschäden nach
- Qualitätsmanagement	Gefahrengruppen

Im Modell für chronisch Kranke steht das *Krankheitsfallmanagement* (Disease Management) im Bereich „Klinisches Managed Care“ im Vordergrund. Gleichzeitig sind aber auch ökonomische Elemente vorhanden, z.B. Kopfbudgets und durchschnittliche Kopfschäden nach Gefahren- bzw. Risikogruppen, die dem Bereich „Kaufmännisches Managed Care“ zuzuordnen sind.

Des weiteren werden in der aktuellen Diskussion dem Oberbegriff Managed Care häufig noch weitere Begriffe zugeordnet. Hierzu zählen u.a.

- Kostenmanagement,
- Solidaritätsmanagement,
- Mikro- und Makromanagement,

- Regionales und sektorales Management,
- Patientenmanagement,
- Risikomanagement,
- Vertragsmanagement,
- Leistungsmanagement und
- Budget- bzw. Finanzmanagement nach Kassenarten.

Aus diesen Managementarten wird im folgenden das Budget- bzw. Finanzmanagement nach Kassenarten herausgegriffen.

2 *Der Status quo im Jahr 1996*

Die folgende Übersicht 2 stellt exemplarisch den im Jahre 1996 geltenden Status quo im Bereich der Gesetzlichen Krankenversicherung dar. Die gesetzlich versicherte Bevölkerung besteht aus Gesunden, akut Kranken, chronisch Kranken, Alten, Jungen etc.. Gemäß dem *Prinzip des Solidarausgleichs* zahlen Jüngere und Gesündere für Ältere und Krankheitsanfälligere mit, Höher- für Minderverdienende nach Maßgabe der Beitragsbemessungsgrenze. Ledige und Kinderlose zahlen mit für Verheiratete und Familien mit Kindern und schließlich Erwerbstätige für nicht mehr Erwerbstätige, soweit deren Ausgaben nicht durch Beiträge gedeckt sind.

Diese Wirkungsrichtungen der *Einkommensumverteilung* sind konstitutiv für die geltende GKV, von der in Übersicht 2 vier Kassenarten exemplarisch herausgegriffen worden sind: die Allgemeinen Ortskrankenkassen (AOK), die Ersatzkassen (EK), die Innungskrankenkassen (IKK) und die Betriebskrankenkassen (BKK). Innerhalb dieser Kassenlandschaft gibt es sowohl durchschnittliche Beitragssätze über alle Kassen, z.B. alle AOKen, als auch Beitragssätze für jede einzelne Kasse, z.B. die AOK Berlin. Zu den Leistungen nach dem SGB V treten Satzungsleistungen, die im Jahre 1996 vom Umfang her nicht der Rede wert waren. „Einheitliche und gemeinsame“ Leistungen und Preise stehen im Vertragsgeschäft noch immer im Vordergrund.

Übersicht 2: Die Gesetzliche Krankenversicherung im Jahre 1996

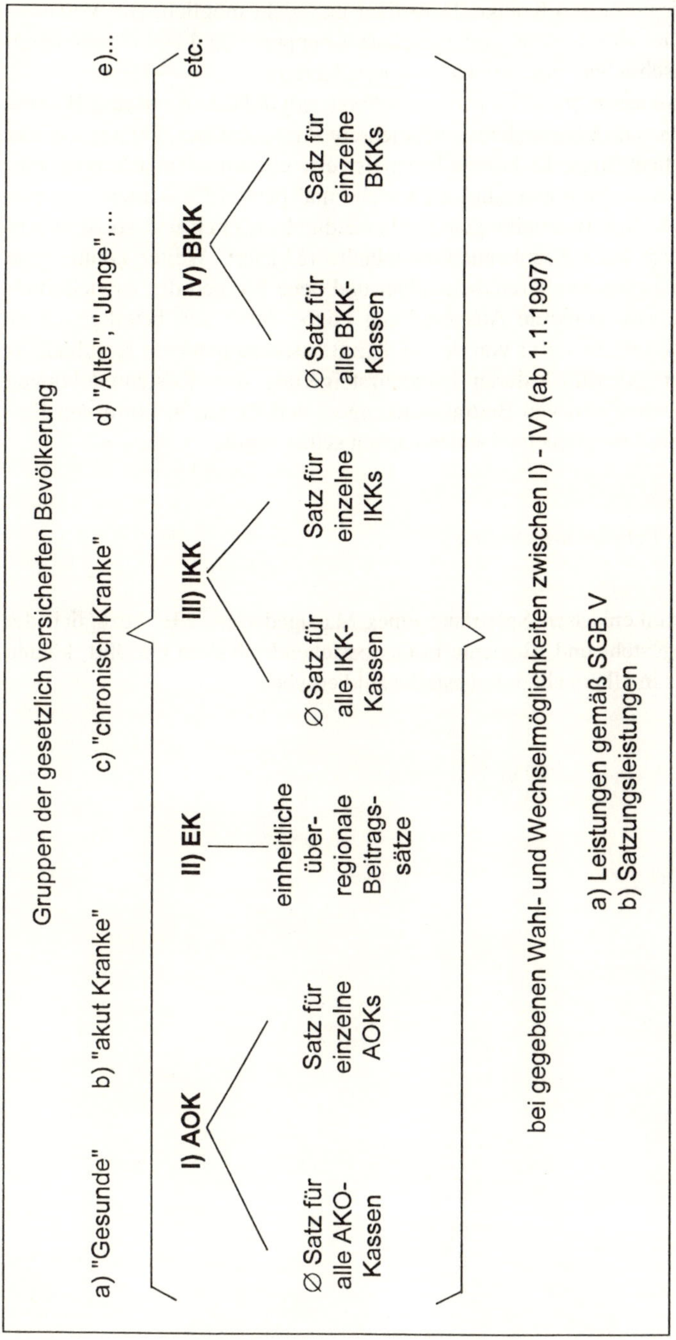

Unter den gegebenen Rahmenbedingungen ist die Einführung eines speziellen Versicherungsangebots für chronisch Kranke, Diabetiker etc. nicht möglich. Die Versicherungen haben nicht die Möglichkeit, mit einzelnen Gruppen von Leistungsanbietern flexibel Verträge abzuschließen (sog. *selektives Kontrahieren*).

Hätten die Krankenkassen *freie Vertragsgestaltungsmöglichkeiten*, wäre z.B. vorstellbar, daß eine AOK ein Krankenhaus und mehrere Ärzte mit der Versorgung der chronisch Erkrankten beauftragt. Es könnte beispielsweise ein ambulanter Service eingerichtet werden, der über die notwendige technische und personelle Ausstattung verfügt, regelmäßig notwendige Behandlungen zu Hause durchzuführen und so Arztbesuche und möglicherweise auch Krankenhausaufenthalte reduziert. Weiter könnte man sich Spezialpraxen für bestimmte Krankheitsbilder und neue Formen der Arzneimittelversorgung vorstellen. Die konkrete Ausgestaltung bliebe dabei den beteiligten Leistungsanbietern überlassen, die dafür von der AOK z.B. risikoäquivalente Kopfbudgets erhalten könnten. Der „Gewinn" durch Effizienzsteigerung und Kostenreduktionen käme den Versicherten in Form von Beitragssenkungen, den Ärzten in Form von Einkommenserhöhungen und möglicherweise den Kassen selbst zugute.

3 *Managed-Care-Versorgungsmatrix*

Wenn man den Krankenkassen Spielraum eines Managed Care z.B. bezüglich der Vertragsgestaltung zugesteht und Elemente in das bestehende System einführt, könnte sich beispielsweise das in Übersicht 3 dargestellte Bild ergeben.

Übersicht 3: Managed-Care-Versorgungsmatrix: von der sektoralen Versorgung zu mehr Patientenorientierung

Versorgungsprofile nach Kassenarten / nach Institutionen/ Sektoren nach Funktionen/Outcome	Krankenkasse I			Krankenkasse II		Krankenkasse III klassisch	Krankenkasse III offen	Krankenkasse IV klassisch	Krankenkasse IV offen
Allgemeinärzte	status quo	primärärztliche Versorgung	fachärztliche Versorgung	status quo	flexible Verträge nach Krankheitsbildern und Behandlungsrichtlinien	status quo	flexible Verträge nach Gefahren-/Risikogruppen und Lebensstilen	status quo	kombinierte Budgets nach Gefahrengruppen
Fachärzte									
zahnmedizinische Behandlung									
Krankenhausbehandlung									
Arzneimittel									
Heil- und Hilfsmittel									
Rehabilitation									
etc.									
"Globale Budgets"	Budget Kasse I			Budget Kasse II		Budget Kasse III		Budget Kasse IV	

Derzeit (im Jahre 1997) laufen etwa 50-80 Modellprojekte

In dieser Versorgungsmatrix sind vertikal verschiedene Leistungsbereiche dargestellt. In der Vergangenheit sind für diese Bereiche Budgets (horizontale Blickrichtung) gebildet worden, die dann aufgrund der Finanzierungsprobleme des Gesundheitswesens gedeckelt wurden.

In der Vertikalen der Versorgungsmatrix sind verschiedene Managed-Care-Elemente abgebildet. Zugrunde liegt die Annahme, daß den Krankenkassen die Möglichkeit einer flexiblen Vertragsgestaltung eingeräumt wird. Dann könnten z.B. das derzeit diskutierte Hausarzt-Modell oder das Modell der kombinierten Budgets umgesetzt werden. Möglicherweise könnten auch Krankenkassen auf die Idee kommen, spezielle Versicherungsangebote für Menschen mit bestimmten Lebensstilen oder Menschen mit chronischen Erkrankungen anzubieten. Dabei entspricht der durchschnittliche Beitragssatz einem Gesamtbudget, das für Gesundheitsleistungen insgesamt zur Verfügung steht. Vorstellbar wäre unter veränderten Rahmenbedingungen, daß jede Kasse über die Verwendung dieser Mittel im Dienste der Krankenversorgung und Gesundheitsförderung frei entscheiden kann. Einsparpotentiale könnten auf diese Weise genutzt werden.

Wie in Übersicht 3 dargestellt ist es nicht zwingend notwendig, daß Managed Care bisherige Versicherungsangebote ersetzt. Neue Versorgungsmodelle können auch als frei wählbare Alternative das traditionelle System ergänzen. Um jedoch Anreize für die Versicherten zu schaffen, sich in Managed-Care-Versorgungsmodelle einzuschreiben, müssen die durch Managed Care erzielten Einsparungen alleine den daran beteiligten Versicherten zugute kommen (z.B. durch Senkung des Beitragssatzes für die Versicherten in Manged-Care-Modellen) und dürfen nicht an alle Versicherten weitergegeben werden. Eine Ermäßigung des Beitragssatzes für einen Teil der Versicherten ist bereits nach geltendem Recht unter bestimmten Bedingungen möglich und stellt keine Einschränkung des Solidarprinzips dar. Allerdings müssen die Besonderheiten berücksichtigt werden, die sich aus dem Risikostrukturausgleich und der anteiligen Finanzierung der Arbeitgeber ergeben.

Die vertikale Blickrichtung kann als Grundlage für die Ausführungen des Referenten angesehen werden. Es geht also um eine *funktionale Betrachtungsweise*, um mehr Ergebnis- und Patientenorientierung. Dabei ist konkret danach zu fragen, wie ein Managed-Care-Modell für chronisch Kranke in das durch die Versorgungsmatrix dargestellte System eingebettet werden könnte.

Die Basis eines Budget- bzw. Finanzmanagements nach Kassenarten ist ein Gesamtbudget, mit dem die Kassen nach eigenen Vorstellungen in das flexibler werdende Vertragsgeschäft einsteigen können.

Sollte Managed Care durch die Krankenkassen nicht ermöglicht werden, lassen sich als alternativer Weg auch Veränderungen im *Honorarverteilungsmaßstab* vorstellen. Damit würden die Möglichkeiten einer besseren und kostengünstigeren ambulanten Versorgung auf die Ärzte und andere Leistungsanbieter übertragen. Ein dritter Weg führt schließlich zu einer diesbezüglichen *Kooperation zwischen Krankenkassen und Ärzten*. Alle drei Wege bedürfen neuer Rahmenbedingungen durch die nächste „Stufe“ der Gesundheitsreform.

4 *Beurteilungskriterien*

Zur Beurteilung des in Übersicht 3 dargestellten Systems sind *Evaluationskriterien* notwendig. Beispielhaft können folgende herangezogen werden:

- Strategieanfälligkeit neuer Systeme
- Art und Richtung der Versorgungsaktivitäten
- Solidarität in Versorgung und Finanzierung
- Konzentrationsvorgänge (Wettbewerbsrecht)
- Möglichkeiten des Herausoptierens über Beitragssatzanteile
- Vorsprungsaktivitäten (dynamische Unternehmer)
- Konvergenz zwischen privaten und gesetzlichen Krankenversicherungen

Besonders wichtig ist die Beobachtung und Bewertung von *Konzentrationsvorgängen* sowie der Hinweis auf *innovative Vorsprungsaktivitäten*. Für letzteres wird in der Diskussion häufig der Ausdruck „Rosinenpicken“ verwendet; bei genauerer Betrachtung zeigt sich allerdings, daß es dynamische Unternehmer geben muß, die Vorsprungsgewinne erzielen, um das System weiterzuentwickeln und in die Breitenversorgung zu überführen. Das System der GKV besteht dann im Ideenwettbewerb um die besten Wege zu einer besseren und kostengünstigeren Krankenversorgung und gesundheitlichen Betreuung der Bevölkerung. Diese Entwicklung bedarf der Evaluation durch unabhängige Institutionen nach einer standardisierten Vorgehensweise anhand festzulegender Kriterien. Speziell für chronisch Kranke müßte ihr Verhalten einschließlich der Wahl- und Wechselmöglichkeiten in der GKV beobachtet werden.

5 *Fazit*

Im vorgestellten Modell chronisch Kranker von Herrn Männer ist *mehr Qualität zu geringeren Kosten* möglich. Die erzielbaren Einsparungen können den Leistungserbringern durch Einkommensverbesserungen und den Versicherten durch niedrigere Beitragssätze zugute kommen. Derzeit fehlt es zur Umsetzung noch an der erforderlichen Flexibilität in der Vertragsgestaltung.

Mit der dritten Stufe der Gesundheitsreform werden Modellversuche rechtlich ermöglicht. Im föderalen Wettbewerb der Selbstverwaltungsorgane ergeben sich dann auch neue und bessere Wege in der Versorgung chronisch Kranker. Anhand von Leitlinien und Anreizsystemen werden Patienten und Ärzte durch ein verbessertes Versorgungssystem geleitet.

Wozu dient Evaluation im Gesundheitswesen?[1]

Friedrich Breyer, Universität Konstanz und Reiner Leidl, Universität Ulm

1 *Einleitung*

In der gesundheitsökonomischen und -politischen Diskussion wird allgemein die Auffassung vertreten, daß eine systematische ökonomische Evaluation medizinischer Interventionen aus verschiedenen Gründen wünschenswert bzw. sogar notwendig sei. Zum einen wird darauf verwiesen, daß in einem stark regulierten Sektor vom Markt alleine keine effiziente Ressourcenallokation erwartet werden kann (*Breyer/Zweifel* 1996, S.151, *Pauly* 1995, S.103). Zum anderen wird auf die sich zunehmend öffnende Schere zwischen dem medizinisch-technologisch Machbaren und den begrenzten Finanzierungsmöglichkeiten verwiesen (vgl. z.B. *Krämer* 1995, insbes. Kap.2), weshalb eine rationale Begründung der unumgänglichen Auswahlentscheidungen notwendiger erscheint denn je.

Blickt man demgegenüber auf die Praxis, so kann man unschwer zwei Feststellungen treffen:

- Im Gegensatz zu anderen Ländern (wie den USA, den skandinavischen Ländern, Großbritannien und den Niederlanden; *Banta* u.a. 1993 Kap. 17-20) wurden in Deutschland mit Ausnahme des Pharma-Bereichs bislang nur wenige Evaluationsstudien erstellt (*John* u.a. 1996).
- Auf gesundheitspolitische Entscheidungen in Deutschland haben die bisher vorliegenden Ergebnisse von Evaluationsstudien - einschließlich der ausländischen - noch keinen nennenswerten Einfluß gehabt (*Kirchberger* 1994, S. 201). Aus anderen Ländern lassen sich hingegen durchaus entsprechende Beiträge nennen, so etwa bei der Budgetierung der Medicaid-Versicherung in Oregon, USA (*Tengs* 1996, S. 173), bei der Vergütung von Arzneimitteln in Australien (*Rutten* 1996) oder bei der Entwicklung des Leistungspakets der sozialen Krankenversicherung und der medizinischen Behandlungsstandards in den Niederlanden (*Banta* u.a. 1995, Kap. 4).

Diese Beobachtungen geben Anlaß zur Frage, warum hierzulande ein so geringes Interesse an der Erarbeitung und Verwendung solcher Studien besteht. An die Beantwortung dieser (positiven) Frage könnte man prinzipiell mit den Methoden der politischen Ökonomie herangehen. Wir werden uns im vorliegenden jedoch mit einer normativen Frage beschäftigen, die prioritär gegenüber der Erklärung des Interessendefizits erscheint: Ist es überhaupt gesellschaftlich wünschenswert, medizinische Verfahren ökonomisch zu evaluieren, und, wenn ja, auf welcher Ebene der Entscheidungsfindung sollten die Ergebnisse berücksichtigt werden?

Die Bearbeitung der Fragestellung erfolgt in drei Teilen: Im ersten Teil (Abschnitt 2) wird eine Übersicht über vier verschiedene Elemente gegeben, die bei einer Beurteilung

1 Für wertvolle Anregungen zu einer früheren Version danken wir Stefan Felder (Zürich) und J.-Matthias Graf v.d. Schulenburg (Hannover).

der gesellschaftlichen Vorteilhaftigkeit von ökonomischen Evaluationen zu beachten sind. Der zweite Teil (Abschnitt 3) diskutiert die wohlfahrtsökonomischen Implikationen einer Unterstützung von Allokationsentscheidungen durch ökonomische Evaluationen. Im letzten Teil (Abschnitt 4) werden Schlußfolgerungen für die Bedeutung der Evaluation in der Weiterentwicklung von Gesundheitssystemen gezogen.

2 *Aspekte der Beurteilung des Beitrags der ökonomischen Evaluation*

Ökonomische Evaluationsstudien können nach unterschiedlichen Methoden - etwa als Kosten-Effektivitäts-Analyse oder als Kosten-Nutzen-Analyse - ausgeführt werden. Wie der Blick in andere Länder bereits zeigte, können mit den Ergebnissen der Evaluationen verschiedene Entscheidungen einer Reihe von Akteuren im Gesundheitssystem unterstützt werden. Das Zustandekommen und die Auswirkungen einer solchen Informationsverbesserung hängen wesentlich von den zugrundeliegenden Organisations- und Anreizstrukturen im Gesundheitssystem ab: Ein nach Einzelleistungen vergütetes Krankenhaus hat weniger Anreize, ein bezüglich der Gesundheit kosteneffektives Behandlungsverfahren einzusetzen als ein nach Fallpauschalen bezahltes Hospital.

Schließlich ist die Effizienz der Versorgung nur *ein* ökonomisches Ziel im Gesundheitssystem; Verteilungsgerechtigkeit ist ein Beispiel für ein weiteres Ziel. Bei der ökonomischen Beurteilung der gesellschaftlichen Vorteilhaftigkeit von Evaluationen müssen also Methoden der Informationsverbesserung, unterschiedliche Typen von Entscheidungen im Gesundheitssystem, Anreizstrukturen sowie Formulierungen der ökonomischen Ziele und Beurteilungskriterien beachtet werden (Abbildung 1). Diese Elemente werden im folgenden erläutert.

Abbildung 1: Elemente für die Beurteilung des Beitrags der ökonomischen Evaluation

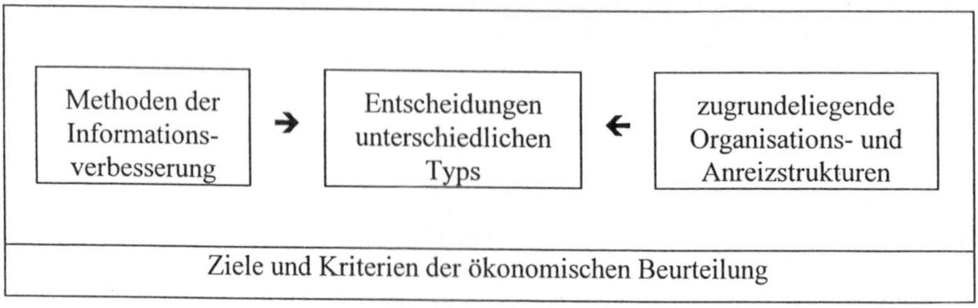

2.1 *Methoden der Informationsverbesserung*

Zu den methodischen Fragen der Informationsverbesserung gehören die Verfahren der Evaluation, die Brauchbarkeit einzelner Studien und die Auswahl von Evaluationsthemen. Bei den Verfahren unterscheidet man üblicherweise:[2]

2 vgl. etwa *Culyer* u.a. (1990, S.3).

- Kosten-Effektivitäts-Analysen: Hierbei werden nur medizinische Interventionen miteinander verglichen, die in Bezug auf die Wirkungsdimension qualitativ vollständig vergleichbar (kommensurabel) sind. Ein Beispiel wären blutdrucksenkende Mittel, deren Wirkung grundsätzlich in der Einheit mm Hg gemessen werden kann. Ferner könnte sie auch in der Anzahl beschwerdefreier Tage bestehen. In beiden Fällen muß von anderen Auswirkungen der Behandlung abstrahiert werden. Die Wünschbarkeit der Mittel wird ausgedrückt durch den Indikator „Kosten je Wirkungseinheit“, der auch als Kosten-Effektivitäts-Relation bezeichnet wird.
- Kosten-Nutzwert-Analysen: Hier werden die Wirkungen der verglichenen Interventionen auf die gesundheitsbezogene Lebensqualität gemessen. Die mehrdimensionalen und/oder heterogenen Wirkungen werden über einen bewertenden Aggregationsschritt zu einem einzigen Indikator zusammengefaßt. Als Maßeinheit dieses Indikators wird typischerweise die kardinale, interpersonell vergleichbare und zeitbezogene Nutzengröße „qualitätsbereinigte Lebensjahre“ (QALY) oder die Größe „gesundheits-äquivalente Jahre“ (HYE) verwendet. Entscheidungskriterium hier ist eine Kosten-Nutzwert-Relation.
- Kosten-Nutzen-Analysen: Hier werden alle Wirkungen monetär bewertet, so daß ebenso wie die Kosten auch die Wirkungen in der Maßeinheit „DM“ (bzw. einer anderen Geldeinheit) ausgedrückt werden und ein rechnerischer Saldo aus Kosten und Nutzen gebildet werden kann. Die Berechnung eines Verhältnisses ist hier wegen der Kommensurabilität entbehrlich.

International ist in den vergangenen eineinhalb Jahrzehnten ein starkes Ansteigen der Anzahl ökonomischen Evaluationstudien zu verzeichnen; dabei herrscht der Typus Kosten-Effektivitäts-Analyse vor (*Banta* u.a. 1993, S. 100). Kosten-Nutzen-Analysen, denen in solchen Übersichten oft ein erheblicher Anteil unter den Evaluationsstudien zugemessen wird, stellen sich bei näherem Hinsehen meist als Kosten-Minimierungsstudien heraus, bei denen die gesamten direkten und indirekten Kosten unterschiedlicher Behandlungsstrategien verglichen werden. Die monetäre Bewertung von Unterschieden im Gesundheitsstatus kann über Befragungen der Zahlungsbereitschaft erfolgen, ist aber extrem selten zu finden.[3] Die zunehmende methodische Entwicklung von Instrumenten zur Messung und (Nutzen-) Bewertung der gesundheitsbezogenen Lebensqualität trägt in jüngster Zeit zu einer deutlichen Zunahme der Kosten-Nutzwert-Studien bei.

Neben den unterschiedlichen Verfahrenstypen bedingen die genaue Fragestellung der Studie, die Verfügbarkeit von Daten und Meßmethoden sowie die Expertise und der Arbeitsaufwand der Untersucher in der Praxis erhebliche Unterschiede in der Qualität der Studien wie in deren Anwendbarkeit und Relevanz für die Entscheidungsunterstützung. So sollten alle Studien in der für den jeweiligen Entscheidungskontext relevanten Studienperspektive ausgeführt sein[4], für die zu behandelnde Patientenschaft und die verfügbare Versorgungsstruktur repräsentativ sein und methodisch vollständig vergleichbar sein. Diese Forderungen beschreiben einen erheblichen Arbeits- und methodischen Entwicklungsbedarf, da das Idealbild in der Praxis durch Näherungsverfahren

3 Ein Beispiel zur monetären Bewertung von symptomfreien Tagen für verschiedene Beschwerden geben *Tolley* u.a. (1994, Kap. 4).

4 etwa bezüglich der Messung der Kostenseite als Ausgaben der Krankenversicherung oder als gesamtgesellschaftliche Kosten.

angestrebt werden muß (*Leidl* 1995, S. 185ff.). Zu diesen Themen läuft seit einigen Jahren eine rege internationale Standardisierungsdiskussion.

Auch für Evaluationen gilt schließlich das Prinzip der Knappheit; daher müssen die Interventionen, die evaluiert werden sollen, sorgfältig ausgewählt werden.[5] Für die Zwecke dieses Beitrags sehen wir aber von den Kosten der Studien ab und beschränken uns auf die Wohlfahrtseffekte der Anwendung bereits existierender Studien.

2.2 *Zu unterstützende Entscheidungen*

In Diskussionen zur ökonomischen Evaluation wird häufig - auch implizit - folgendes Entscheidungsmodell unterstellt: Ein Entscheidungsträger verfügt über vollständige, standardisierte Information über alle Entscheidungsalternativen und kann aufgrund der Evaluationsresultate sein Budget nach einfachen Regeln so verausgaben, daß ein Maximum an Gesundheitseffekten erzielt wird. Bisweilen ist dieses Szenario mit einem ausgesprochen paternalistischen Entscheidungsmodell verknüpft, wie etwa in *Gerard* (1992, S.251): „Purchasers will need to decide how to maximize the health of their communities from their allocated budgets."

Nun stimmen die Annahmen dieses Referenzmodells mit der Realität nicht überein, und seine Zielsetzung müßte ebenfalls hinterfragt werden. Ferner kann, wie gezeigt, die ökonomische Evaluation in pluralistischen Gesundheitssystemen verschiedene Entscheidungstypen unterstützen. Tabelle 1 gibt einen systematischen Überblick über neun Entscheidungstypen, die durch Evaluationen unterstützt werden können, die Ebene des Gesundheitssystems, auf die sich die jeweiligen Entscheidungen beziehen, sowie ein Praxisbeispiel mit Referenz.[6]

---

5 Eine Diskussion von 25 Kriterien zur gesellschaftlichen Bedeutung am Beispiel von acht niederländischen Evaluationsstudien sowie eine weitere Zusammenstellung von 43 Kriterien aus einer Literaturstudie bieten *Oortwijn* u.a. (1996, S. 11 und S. 18).

6 Die Auswirkungen einer Informationsverbesserung müssen letztlich bezüglich der ökonomischen Situation der Individuen und Unternehmen im Gesundheitssystem untersucht werden. Die Analyse nach zentralen Entscheidungstypen systematisiert jedoch u.E. in brauchbarer Weise die ökonomischen Organsationsstrukturen von Gesundheitssystem.

Tabelle 1: Entscheidungen, die mit Resultaten der ökonomischen Evaluation unterstützt werden können

Grundtyp	*spezifische Entscheidung*	*Gesundheitssystemebene*	*Praxisbeispiel*
Allokationsentscheidung	Budgetallokation	Gesamtsystem, Versorgungssektor, Drittfinanzierer	Oregon-Experiment, USA (*Tengs* 1996)
	Vergütungsentscheidung		Australisches Arzneimittel vergütungssystem (*Rutten* 1996)
	Kauf-/ Zuteilungsentscheidung	Arzt-Patienten-Ebene	- nicht systematisch untersucht -
	Angebotsentscheidung	Leistungserbringer, Drittfinanzierer	Angebot amerikanischer Krankenhäuser und Health Maintenance Organizations (*Luce* u.a. 1995)
Regulierungsentscheidung	Preisregulierung	Versorgungssektor	Fallpauschalen im Krankenhaus, Deutschland (*Nagel* u.a. 1994)
	Mengenregulierung		Kapazitätsplanung im Krankenhaus, Niederlande (*Rutten* 1996)
	Verfahrensregulierung		Aufhebung der Verschreibungspflicht von Arzneimitteln, Vereinigtes Königreich (*Andersson* 1995)
Entwicklungsentscheidung	Produktentwicklung	Leistungserbringer, Drittfinanzierer	Weiterentwicklung neuer pharmazeutischer Substanzen (*Andersson* 1995) und medizinischer Behandlungsstandards, Niederlande (*Banta* u.a. 1995)
	Produktforschung		Orientierung der medizinischen Forschung, Niederlande (*Banta* u.a. 1995)

Zu den direkten Allokationsentscheidungen über Gesundheitsleistungen gehören neben dem genannten Referenzmodell Entscheidungen über die Übernahme der Vergütung einer Leistung durch die soziale Krankenversicherung sowie einzelwirtschaftliche Angebotsentscheidungen, etwa über besondere Behandlungsverfahren durch ein Krankenhaus oder durch eine Versicherung, die nach dem Managed-Care Prinzip arbeitet. Zu den direkten Allokationen zählen auch die Versorgungsentscheidungen des Arztes beim einzelnen Patienten.

Ökonomische Evaluationen können auch Regulierungsentscheidungen unterstützen. Kann man sich bei der Bestimmung von administrierten Preisen noch die Annäherung an Knappheitspreise als operationales Ziel für den Beitrag von Evaluationsstudien vorstellen, so gibt es bei der Mengen- und Verfahrensregulierung kaum mehr Indikationen, auf welche Weise die Studienergebnisse konkret umzusetzen sind. Dies gilt ebenfalls für die Unterstützung von Entwicklungsentscheidungen, bei denen alternative technologische Entwicklungspfade zu vergleichen wären. Beispiele für mögliche Einflüsse der Evaluationen sind die Fortführung einer Arzneimittelentwicklung nach Aspekten der

Produktwirtschaftlichkeit oder die Orientierung medizinischer Forschung auf ökonomisch wichtige Probleme hin.

Dennoch sollten die Beispiele einer 'weichen', also nicht quantitativ operationalisierten Umsetzung der Ergebnisse der ökonomischen Evaluation nicht unterschätzt werden. Vielmehr kann die Orientierung der medizinischen Forschung auf eine effektive und zugleich kosten-effektive Medizin hin als eine revolutionäre Neuerung der zentralen Wissensbasis unserer Gesundheitsversorgung gesehen werden. Das Potential dieser Neuerung ist kaum meßbar - wären doch Wissensentwicklungen mit und ohne ökonomischer Informationskomponente zu vergleichen. In jedem Fall ist die Erarbeitung der ökonomischen Information eine notwendige Voraussetzung für eine künftige Effizienzsteigerung. Im weiteren wird sich dieser Beitrag auf die Unterstützung der direkten Allokationsentscheidungen konzentrieren.

2.3 *Zugrundeliegende Anreizstrukturen*

Die Kenntnis effizienter Versorgungsstrategien alleine reicht nicht zu ihrer Realisierung, es müssen Anreizstrukturen vorhanden sein oder geschaffen werden, die effiziente Versorgungsverfahren ökonomisch belohnen. Der Mangel an solchen Anreizstrukturen bildet ein wichtiges Hindernis für die Priorisierung von effizienten Behandlungsverfahren, aber auch für die ausreichende Evaluation dieser Verfahren. Organisationsformen von Gesundheitssystemen oder -teilsystemen, die unter Kontrolle der Versorgungsqualität, etwa durch Wettbewerb, Teile des Schadenrisikos im Krankheitsfall auf den Leistungsanbieter übertragen, fördern die ökonomische Verantwortung dieser Anbieter und ihr Interesse an kosten-effektiven Versorgungsstrategien. Beispiele hierfür sind staatliche Gesundheitssysteme, Managed-Care Organisationen, mit Fallpauschalen honorierte Krankenhäuser oder Hausärzte mit Patientenbudgets.

2.4 *Ziele und Kriterien für die ökonomische Beurteilung*

Obenan bei der ökonomischen Evaluation steht die Verbesserung der Effizienz. Für eine Beurteilung kann damit das wohlfahrtstheoretische Instrumentarium herangezogen werden. Allokationsregeln in kollektiv finanzierten Krankenversicherungen mit Pflichtmitgliedschaft bestimmen zugleich die Verteilung; daher müßte die Verteilungskomponente bei der ökonomischen Beurteilung berücksichtigt werden (*Leidl* u.a. 1996, Abschnitt 3). Das in der gesundheitspolitischen Diskussion oft im Vordergrund stehende Ziel der Kostendämpfung schließt regelmäßig die Ergebnisseite der Versorgung aus und mißachtet so eine zentrale Analysekategorie der Evaluation. Daher beschränken wir uns im folgenden auf die Effizienzproblematik und betrachten die wohlfahrtstheoretischen Implikationen einer Anwendung der ökonomischen Evaluation.

Zunächst ist zu klären, auf welches Wohlfahrtskriterium Bezug genommen werden soll, wenn beurteilt wird, ob eine ökonomische Evaluation von Gesundheitsleistungen gesellschaftlich wünschenswert ist. Dabei werden wir uns, wo immer möglich, am gängigsten, weil am wenigsten kontroversen normativen Kriterium zur Bewertung gesellschaftlicher Zustände oder politischer Maßnahmen, dem Pareto-Kriterium, orientieren. Danach ist die Anwendung von Evaluationsergebnissen gesellschaftlich wünschenswert, wenn sie den Nutzen mindestens eines Gesellschaftsmitglieds erhöht, ohne den anderer Mitglieder zu senken.

Aufgrund der kollektiven Finanzierung von individuell verbrauchten Gesundheitsleistungen wird das Pareto-Kriterium in vielen Fällen keine Aussage treffen. Daher werden wir uns - entsprechend der üblichen Praxis - hilfsweise auch auf das Scitovsky-Kriterium berufen, das von einem gesellschaftlichen Fortschritt spricht, wenn die Vorteile der Nutznießer einer Maßnahme so groß sind, daß diese die von ihr negativ Betroffenen prinzipiell durch pauschale Kompensationszahlungen so entschädigen könnten, daß dadurch gegenüber der Ausgangssituation eine Pareto-Verbesserung erreicht würde und ein Rückgängigmachen der Maßnahme nicht ebenfalls zu einer Pareto-Verbesserung führt. Gerade im Gesundheitswesen, wo Unsicherheit über zukünftige Ereignisse eine große Rolle spielt, läßt sich die Anwendung des Scitovsky-Kriteriums rechtfertigen, da eine derartige „potentielle Pareto-Verbesserung" in einer Ex-ante-Betrachtung hinter dem Schleier der Ungewißheit über den eigenen, künftigen Gesundheitszustand eine tatsächliche Pareto-Verbesserung im erwarteten Nutzen der Beteiligten bedeuten kann.

Die Anwendung von Kompensationskriterien in der Praxis fordert schließlich nicht, daß die Kompensation tatsächlich vollzogen wird; sie erfordert allerdings, daß die Möglichkeit der Kompensationszahlungen (mit verbleibenden Wohlfahrtsüberschuß) auch empirisch gezeigt werden kann. Dabei tritt jedoch eine Schwierigkeit auf: Bei Kosten-Nutzen-Analysen wird typischerweise das Vorliegen eines positiven Saldos der monetär bewerteten Nutzen und Kosten aller Betroffenen als Nachweis der Erfüllung des Scitovsky-Kriteriums angesehen. Dieser Schluß unterliegt aber stark einschränkenden Annahmen auf der Verteilungsseite: Er beruht auf der Annahme eines konstanten, für alle gleichen Grenznutzen des Einkommens sowie von einem gleichen Beitrag jeder Einheit einer individuellen Einkommensänderung zur gesellschaftlichen Wohlfahrt, was einer utilitaristischen Position entspricht.[7] Entsprechendes gilt für die Verrechnung der Kosten bei Kosten-Effektivitäts- und Kosten-Nutzwert-Analysen.

7 Unter den Annahmen der individuellen Nutzenmaximierung und einer aus individuellen Nutzen additiven Wohlfahrtsfunktion W setzt sich die Wohlfahrtsänderung dW einer Gesellschaft mit I Mitgliedern bei J Gütern X mit Preisen P zusammen aus einem (in der folgenden Definition links stehenden) reinen Einkommensterm und einem (rechts stehenden) Verteilungsterm, der den sozialen Grenznutzen einer individuellen Nutzensteigerung $\partial W/\partial U_i$ und den Grenznutzen des Einkommens $\partial U_i/\partial Y_i$ einschließt (Zerbe u.a. 1994, S. 95):

$(dW = \Sigma_j \Sigma_i P_j dX_{ij} + \Sigma_j \Sigma_i (\partial W/\partial U_i * \partial U_i/\partial Y_i - 1) P_j dX_{ij}$.

Nimmt man wie im Text den sozialen Grenznutzen der Einkommensänderung eines Individuums, $\partial W/\partial U_i * \partial U_i/\partial Y_i = \mu$ als konstant an, vereinfacht sich Gleichung (1) zu der linearen Transformation der Funktion der Wohlfahrtsänderung

$(dW / \mu = \Sigma_j \Sigma_i P_j dX_{ij})$

unter der speziellen Annahme eines Grenznutzen des Einkommens von 1 und eines identischen Wohlfahrtsbeitrags individueller Nutzen von 1 entfällt der gesamte Verteilungsterm in Gleichung (1), in Gleichung (2) wird μ zu 1 und entfällt ebenfalls. Die geschilderten Annahmen werden häufig bei Kosten -Nutzen-Analysen, auch außerhalb des Gesundheitsbereichs, gemacht.

3 *Wohlfahrtsökonomische Implikationen des Einsatzes ökonomischer Evaluationen*

3.1 *Der Einsatz von Kosten-Effektivitäts-Analysen*

Aus wohlfahrtstheoretischer Sicht sind Kosten-Effektivitäts-Analysen nur dann sinnvoll anwendbar, wenn die zu vergleichenden Alternativen (z.B. Durchführung einer bestimmten Intervention oder Verzicht auf sie) lediglich eine einzige, qualitativ identische spezifische Wirkung und vernachlässigbare Nebenwirkungen haben. Anderenfalls stellen sie (zu) starke Vereinfachungen der tatsächlichen Auswirkungen einer Intervention dar. Ökonomische Evaluationen, die begleitend zu klinischen Untersuchungen der Effektivität von Maßnahmen durchgeführt werden, richten sich häufig auf die in den Studien verwendeten zentralen medizinischen Ergebnismaße.[8] Inwieweit diese Indikatoren wohlfahrtstheoretischen Ansprüchen, aber auch dem medizinischen Anspruch, letztlich die Gesundheit zu verbessern, genügen, sollte bei Kosten-Effektivitäts-Studien kritisch geprüft werden.

Zwei alternative Versorgungsmaßnahmen A und B lassen sich somit wohlfahrtstheoretisch dann vergleichen, sofern zwei (hinreichende) Bedingungen erfüllt sind:

- der Nutzen der Patienten hängt jeweils nur von der - gemessenen - gesundheitlichen Wirkung, nicht aber von anderen Nutzenargumenten ab, die mit den Maßnahmen verbunden sind (z.B. wird eine Rehabilitation in einer schön gelegenen Kurklinik nicht wegen des erholsamen Aufenthalts der ambulanten Rehabilitation im Wohnort vorgezogen);
- der Finanzierungsmodus ist der gleiche, d.h. beispielsweise die Selbstbeteiligungsanteile unterscheiden sich nicht.

Da per Definition bei Kosten-Effektivitäts-Analysen die Kosten für identische Wirkungsgrößen gegenübergestellt werden, liegt es nahe, bei Wahl der Maßnahme mit der geringeren Kosten-Effektivitäts-Relation (oEdA sei dies Maßnahme A) von einer Wohlfahrtsverbesserung auszugehen. Diese Intuition ist bei unendlich teilbaren und beliebig oft wiederholbaren Interventionen mit konstanten Dosis-Wirkungs-Relationen zutreffend, da die Niveaus der Maßnahmen so gewählt werden können, daß mit Maßnahme A die gleichen Effekte bei geringeren Kosten als mit Maßnahme B erreicht werden können. Somit sind die Empfänger der Maßnahmen gleich gut gestellt, die Finanzierungsträger profitieren jedoch strikt bei einem Übergang von B zu A.

Viele Interventionen im Gesundheitswesen - man denke an Operationen oder an eine Antibiotika-Behandlung - weisen die geschilderten Eigenschaften aber nicht auf. Handelt es sich nun um Maßnahmen diskreter Natur, so können geringere Kosten-Effektivitäts-Relationen durch verschiedene Konstellationen zustande kommen: im 'dominanten' Fall durch größere Effekte und höchstens gleich hohe Kosten bzw. geringere Kosten und mindestens gleich hohe Effekte einer Maßnahme, ansonsten aber auch durch relativ größere Effekte bei höheren Kosten oder relativ geringere Kosten bei geringeren Effekten. Für die wohlfahrtstheoretische Beurteilung ist es ferner bedeutsam, ob es sich bei den Nutznießern beider Maßnahmen um dieselben Individuen handelt. Nur bei den gleichen Nutznießern und im dominanten Fall kann man direkt, ohne ein Kompensa-

8 Im angelsächsischen Sprachraum werden diese treffend als 'clinical endpoints' bezeichnet.

tionskriterium zu bemühen, auf eine Effizienzverbesserung schließen; jede Umverteilung zwischen Nutznießern und jede Effektreduktion bzw. jede Kostensteigerung erfordert eine weitergehende wohlfahrtsökonomische Beurteilung.

Die Annahme gleicher Nutznießer ist unmittelbar beim Arzt-Patient-Kontakt erfüllt: Hier sind Interventionen mit dominanter Kosten-Effektivität immer Pareto-verbessernd gegenüber der jeweiligen Alternative. In nicht-dominanten Fällen müssen zur wohlfahrtstheoretischen Beurteilung die Kompensationskriterien herangezogen werden. Führt eine zur Wahl stehende Maßnahme zu geringeren Effekten (die von noch geringeren Kosten begleitet wären), ist neben dem Vergleich der Kosten-Effektivität auch der Konflikt mit der ethischen Forderung an den Arzt, den Patienten bestmöglich zu versorgen, zu berücksichtigen. Aus volkswirtschaftlicher Sicht ist daher die Verwendung der Ergebnisse von Kosten-Effektivitäts-Analysen auf der Arzt-Patienten-Ebene wünschenswert, wobei im nicht-dominanten Fall zusätzliche Forderungen zu erfüllen sind.

Das gleiche gilt auf höheren Ebenen des Gesundheitssystems, etwa bei der Vorhaltung von Geräten für die betreffenden Maßnahmen durch Krankenhäuser oder bei der Bestimmung des Leistungskatalogs von Krankenkassen, oder bei der Zulassung von Arzneimitteln. Gegen den Einsatz der Kosten-Effektivitätsanalyse bei neuen Leistungen spricht allenfalls der pragmatische Gesichtspunkt, daß sich die Kostenrelation durch Variation von Inputpreisen im Zeitablauf ändern könnte und die Einführung einer neuen Maßnahme, etwa bei der Arzneimittelzulassung oder der Übernahme einer neuen Technologie in den Leistungskatalog einer Krankenversicherung, für einen längeren Zeitraum gültig ist.[9]

Während die normative Frage in diesem Fall unter den genannten Einschränkungen zugunsten einer Beachtung von festgestellten Kosten-Effektivitäts-Relationen beantwortet werden kann, müssen insbesondere die unterliegenden Anreizstrukturen beachtet werden. Die einzelwirtschaftlichen Anreize dazu sind immer dann problematisch, wenn die folgenden (weit verbreiteten) Bedingungen - bei zwei Interventionen A und B mit dominant günstigerer Kosten-Effektivität von A - vorliegen:

- Der medizinische Entscheidungsträger ist gleichzeitig Anbieter der Behandlungsart B, nicht aber der Behandlungsart A,
- der Vergütungssatz für B ist höher als die Grenzkosten, und die Kapazität des Anbieters ist nicht ausgelastet,
- es existiert keine (zumindest keine proportionale) Selbstbeteiligung des Patienten.

Unterstellt man beim Anbieter (Arzt oder Krankenhaus) rationales eigennütziges Verhalten unter der Nebenbedingung der Beachtung des Berufsethos, so wird er in diesem Fall Behandlungsart B verordnen, da er selbst finanziell davon profitiert und der Patient bei mindestens gleicher absoluter Wirkung keinen Schaden davon hat. Der Patient wird in Abwesenheit einer Selbstbeteiligung keine Einwände erheben, und die höheren Kosten für die Versichertengemeinschaft werden für beide keine Rolle spielen.

Anders sieht es bei den Anbietern von Gesundheitsleistungen dann aus, wenn die Vergütung sich nicht an den erbrachten Einzelleistungen orientiert, sondern outputorientiert ist, wie etwa bei der Fallpauschalierung im Krankenhaus. Hier wird beispielsweise bei der Wahl von Medikamenten die Einsparung von Kosten - bei gleichem zu

9 Die Forderung der Gültigkeit der Evaluationsergebnisse über die relevanten Entscheidungszeiträume gilt auch für die Entscheidungsunterstützung durch die anderen Evaluationsverfahren.

erwartendem Behandlungserfolg - einen Anreiz darstellen, das kosteneffizientere Mittel zu wählen.

Auf der Ebene der Bestimmung des Leistungskatalogs durch Krankenkassen kann es zur Ausgrenzung von nicht kosteneffizienten Leistungen kommen, wenn die einzelnen Kassen miteinander im Wettbewerb stehen und jede einzelne ihren Leistungskatalog als Wettbewerbsparameter einsetzen kann. Diese Voraussetzungen sind z.B. nach geltendem Recht in der deutschen gesetzlichen Krankenversicherung wegen des Zwangs zur Einheitlichkeit des Leistungskatalogs derzeit nicht erfüllt.

3.2 Der Einsatz von Kosten-Nutzwert-Analysen

Das eigentliche Ziel der Versorgung ist die Verbesserung des Gesundheitszustands, der in Dimensionen der gesundheitsbezogenen Lebensqualität ausgedrückt werden kann. Kosten-Effektivitätsstudien vereinfachen dieses Versorgungsziel in vielen Fällen unangemessen stark. Der Mehrdimensionalität der Gesundheit trägt das bereits erwähnte Konzept des „Qualitätsbereinigten Lebensjahres“ (QALY) Rechnung, das alle Wirkungen einer Maßnahme - Lebensverlängerung und Änderungen des Gesundheitszustands - in ein Maß zu integrieren sucht. In der Literatur wurden Kosten-Nutzwert-Analysen häufig dazu herangezogen, sog. „Hitlisten“ medizinischer Interventionen aufzustellen, die dem Betrachter - und dem politischen Entscheidungsträger, der für die Ressourcenvergabe im Gesundheitswesen verantwortlich ist - vor Augen führen sollen, mit welch unterschiedlichem Aufwand ein vergleichbarer Zuwachs an Lebensqualität in verschiedenen Bereichen innerhalb und außerhalb der Medizin erkauft werden kann.

Ihr konzeptionelles Problem besteht allerdings darin, daß auf der Ergebnisseite keine objektiv meßbare, sondern eine subjektive Größe steht, deren Wert davon abhängt, *wessen* Nutzenfunktion zur relativen Bewertung der verschiedenen Gesundheitszustände herangezogen wird. Dabei spielt - abgesehen von methodischen Fragen der Messung und Aggregation der Nutzengrößen - eine mögliche Heterogenität der Präferenzen auf zwei Ebenen eine Rolle:

- bei der Bewertung verschiedener Gesundheitszustände, welche die Grundlage der Aggregation zu QALYs bildet. Bei heterogenen Präferenzen ist die Zahl der zusätzlichen QALYs keine Eigenschaft einer medizinischen Intervention selbst, sondern abhängig von den zur Bewertung herangezogenen Präferenzen (etwa derjenigen der zu behandelnden Patienten oder der allgemeinen Bevölkerung).[10] (1. Ebene)
- bei der Entscheidung, bis zu welchem Wert der „Kosten je gewonnenem QALY“ eine Intervention vorgenommen werden soll: Hier spielt die Abwägung zwischen der qualitätsgewichteter Lebensdauer und dem übrigem Lebensstandard (Konsumniveau) eine Rolle. (2. Ebene)

Zu 1. Ebene gibt es eine amerikanische Studie (*Kaplan* 1995, S. 57f.), die auf geringe Unterschiede in den Bewertungen von Gesundheitszuständen durch verschiedene Teilgruppen hinweist, darunter etwa Rollstuhlfahrer versus Nicht-Rollstuhlfahrer, Frauen versus Männer, Versicherte versus Nicht-Versicherte. Mit dieser Studie ist die Frage der Heterogenität der Präferenzen freilich nicht hinreichend allgemein untersucht. Vor allem

---

10 Auf den Umstand, daß die „Kosten je QALY“ davon abhängen, welche Patientengruppe der Behandlung unterzogen wird, weist auch schon *Johannesson* (1995) hin.

ist zu bedenken, daß die relative Bewertung verschiedener Gesundheitszustände durch ein Individuum keine „reine Geschmackssache" ist, sondern maßgeblich von dessen Lebensumständen abhängen kann. Dies kann man sich an dem Beispiel einer Wahl zwischen den Alternativen „Verlust des Gehörs" und „Verlust eines Beines" klarmachen. Für einen Lehrer ist sicherlich die erste Alternative die schlechtere, da sie ihn berufsunfähig macht, für einen Bauarbeiter aus dem gleichen Grund die zweite Alternative.

Es erscheint nun folgerichtig, bei konkreten Entscheidungen zwischen Behandlungsalternativen beim einzelnen Patienten dessen individuelle Präferenzen zu berücksichtigen, bei Entscheidungen über das kollektive Leistungsangebot hinter dem Schleier der Ungewißheit jedoch die repräsentativen Präferenzen des betroffenen Versichertenkollektivs. Jedoch auch dieses muß nicht mit der Gesamtbevölkerung übereinstimmen - man denke etwa an eine Innungskrankenkasse -, so daß es zweifelhaft erscheint, ob es *den* Nutzen einer medizinischen Maßnahme überhaupt gibt.

Ferner ist die Methode zu beachten, mit der individuelle Präferenzen für Lebensdauer versus Lebensqualität ermittelt werden. Während die „Time-Tradeoff-Methode" und die „Standard-Gamble-Methode" im Rahmen eines Modells der Maximierung des Erwartungsnutzens interpretiert werden können und unter gewissen Annahmen sogar identische Ergebnisse liefern (*Breyer/Zweifel* 1996, S.54ff.), hat die „Rating-Scale-Methode" keine nutzentheoretische Begründung, so daß es wohlfahrtstheoretisch unklar ist, was die mit ihr erhobenen „QALYs" aussagen.

Zur 2. Ebene ist festzustellen, daß die Kosten-Nutzwert-Analyse diese Frage grundsätzlich nicht beantwortet. Häufig wird implizit die Existenz eines gegebenen Gesundheitsbudgets vorausgesetzt, das bei Ausgabenoptimierung einen maximalen Preis je QALY impliziert; die so bedeutsame Budgethöhe wird aber dann nicht weiter begründet oder hinterfragt. Damit ruht die Anwendung der Ergebnisse der Kosten-Nutzwert-Analyse auf einem schwachen wohlfahrtsökonomischen Fundament.

Dies gilt insbesondere auf der Ebene der einzelnen Arzt-Patient-Beziehung. Hier wäre die Verweigerung einer Behandlung aufgrund einer hohen Kosten-Nutzwert-Relation nicht durch das Pareto-Kriterium gedeckt, da der betroffene Patient davon einen Nachteil hat. Darüber hinaus träfe sie jedoch auf noch grundsätzlichere Bedenken: Vom Arzt wird gemeinhin (und mit gutem Grund) erwartet, daß er alles ihm mögliche tut, um dem Patienten zu helfen - sei es durch Verlängerung des Lebens oder durch Erhöhung der Lebensqualität. Kostenerwägungen sollen dabei ausdrücklich keine Rolle spielen. Dies ist als Basis des - für den Heilerfolg unschätzbar wichtigen - Vertrauensverhältnisses unentbehrlich. Zudem wäre der Arzt als Fachmann bezüglich der Frage, *wie* eine Heilung am besten erreicht werden kann, vollkommen überfordert, wenn er die davon ganz und gar unabhängige Frage, *ob* es sich lohnt, die dazu notwendigen Aufwendungen zu tätigen, auch noch entscheiden müßte. Der Arzt ist kraft seiner naturwissenschaftlichen Ausbildung nicht zum Richter über Leben und Tod berufen, und bestehende Tendenzen in dieser Richtung (etwa bei der Auswahl geeigneter Organempfänger in der Transplantationsmedizin) müssen in einer demokratischen Gesellschaft als äußerst bedenklich angesehen werden.[11]

Andererseits ist nicht zu leugnen, daß der Arzt de facto durch die Allokation seiner Arbeitszeit auf verschiedene Patienten medizinische und zeit-ökonomische Abwägungsentscheidungen trifft und ferner - als Sachwalter der Nachfrage - auch als Vertreter der

11 Die Ärzteschaft wehrt sich auch i.a. vehement gegen diese Aufgabe, vgl. etwa *Loewy* (1991).

Krankenversicherung handelt.[12] Eine Diskussion der ethischen Leitlinien für eine Koordination dieser unterschiedlichen Sachwalterinteressen, die dem Arzt zusätzlich zu seinen Einkommensinteressen und seiner medizinisch-ethischen Verpflichtung aufgebürdet sind, steht noch aus und soll hier nicht vertieft werden.

Ein Leistungsausschluß ist nach den Wohlfahrtskriterien allenfalls unter dem Schleier der Ungewißheit vorstellbar, also bei Kapazitätsentscheidungen, die statistische, nicht konkrete individuelle Leben betreffen: Ceteris paribus kann für eine Bevölkerungsgruppe eine Pareto-Verbesserung erzielt werden, wenn in der Gesundheitsversorgung für diese Gruppe eine Intervention mit einer höheren durch eine mit niedrigerer Kosten-Nutzwert-Relation ersetzt wird. Aber selbst dann müßte vorausgesetzt werden, daß die potentiellen Nutznießer beider Maßnahmen dieselben Personen und die Wahrscheinlichkeiten der Inanspruchnahme die gleichen sind - extrem einschränkende Bedingungen.

Die Bedeutung der oben genannten „Hitlisten" wird wohl vor allem auf gesamtgesellschaftlicher Ebene gesehen, und ihre erste systematische Anwendung im Medicaid-Programm des Staates Oregon fällt in diese Kategorie.[13] Auch hier ist jedoch zu bedenken, daß die Kosten-Nutzwert-Relation bestenfalls eine Rangordnung der relativen Vorzugswürdigkeit von sich gegenseitig ausschließenden Maßnahmen liefern, aber keine Antwort auf die Frage geben kann, welche Maßnahmen überhaupt durchgeführt werden sollten - es sei denn im Falle eines fest vorgegebenen Budgets, das auf eine ebenfalls fest vorgegebene Menge möglicher Maßnahmen aufgeteilt werden soll. In diesem Fall ist jeweils diejenige Maßnahme einzusetzen, welche die niedrigste Kosten-Nutzwert-Relation aufweist, und so lange fortzufahren, bis das Budget aufgebraucht ist. Die Problematik dabei liegt aber darin, daß die Frage offenbleibt, wie die Höhe des Budgets selbst auf rationale Weise bestimmt werden kann. Diese Frage kann auch dann nicht beantwortet werden, wenn statt des Pareto-Kriterium das Scitovsky-Kriterium angewendet wird, man sich also mit potentiellen Pareto-Verbesserungen zufriedengibt.

Sind die Gesellschaftsmitglieder heterogen in ihren Präferenzen auf der 2. Ebene, so kann eine Pareto-Verbesserung gegenüber dieser gesamtgesellschaftlichen Lösung durch *dezentrale* Anwendung der Ergebnisse aus Kosten-Nutzwert-Analysen erzielt werden: Dazu bedarf es der Existenz verschiedener Krankenkassen (bzw. unterschiedlicher von einer Kasse angebotenen Vertragstypen) mit unterschiedlichen Leistungskatalogen. In jedem Leistungskatalog sind die zu finanzierenden Interventionen genau zu spezifizieren, und als Abgrenzungskriterium kann das Kosten-Nutzwert-Verhältnis dienen. Verträge mit einem höheren Grenzwert werden ceteris paribus (d.h. in Abwesenheit von inversen Selektionseffekten) eine höhere Prämie erfordern. Die Versicherungsnehmer werden sich dann gemäß ihrer Grenzrate der Substitution zwischen Lebensdauer und Konsumniveau selbst zu den einzelnen Kassen bzw. Vertragstypen zuordnen. Das beschriebene System weist damit deutliche Elemente eines Managed-Care-Systems auf: ein integriertes Versorgungssystem mit klar spezifiziertem Leistungskatalog und eindeutig definierten Behandlungsstrategien.

---

12 So etwa beim Versorgungsauftrag an die Kassenärztlichen Vereinigungen im deutschen System.

13 Allerdings basierte der letztlich eingeführte Leistungskatalog in Oregons Medicaid-Programm nur zu einem kleinen Teil auf den Ergebnissen ökonomischer Evaluationsstudien, vgl. *Eddy* (1991), *Tengs* (1996).

Es bleibt jedoch festzuhalten, daß die Anwendung der Kosten-Nutzwert-Analyse selbst in diesem Kontext problematisch ist, wenn Heterogenität der Präferenzen auf der 1. Ebene herrscht.

3.3 Der Einsatz von Kosten-Nutzen-Analysen

Die Kosten-Nutzen-Analyse geht noch einen Schritt weiter, indem jeder Verlängerung des Lebens und jeder Änderung des Gesundheitszustands ein monetäres Äquivalent zugeordnet wird, so daß letztlich sowohl die negativen als auch die positiven Wirkungen einer Maßnahme in Geldwerten ausgedrückt werden. Im Unterschied zur Kosten-Nutzwert-Analyse ist dieses Verfahren im Prinzip dazu angelegt, jede einzelne in Frage stehende Maßnahme für sich genommen zu bewerten, und zwar wird sie zur Durchführung empfohlen, sofern sich ein positiver monetärer Nettonutzen (was einer Nutzen-Kosten-Relation über 1 entspricht).

Das Manko der Kosten-Nutzen-Analyse kann man nun darin sehen, daß es ebenso wie *das* QALY auch *den* geldwerten Nutzen einer Maßnahme gar nicht gibt, sondern daß dieser von der individuellen Zahlungsbereitschaft für Leben und Gesundheit *desjenigen Patienten* abhängt, der die Behandlung erhält.[14] Beim einzelnen Patienten wäre diese Methode als Entscheidungsregel angebracht, wenn es keine Krankenversicherung gäbe und er für die vollen Kosten der Behandlung aus eigener Tasche aufkommen müßte. Gerade dann könnte man den Patienten allerdings einfach mit den (nicht bewerteten) Konsequenzen einer Intervention konfrontieren und ihn entscheiden lassen, ob er sie nachfragen möchte.

Empfohlen wird die Anwendung der Kosten-Nutzen-Analyse vor allem bei der Bestimmung des Leistungskatalogs eines staatlichen Gesundheitsdienstes oder einer gesetzlichen Pflichtversicherung (*Sloan* und *Conover* 1995, S.218), und hier wird sie durch das Scitovsky-Kriterium wohlfahrtstheoretisch unterstützt. Ein entscheidender Mangel ist aber auch hier darin zu sehen, daß die Kosten-Nutzen-Analyse, gerade *weil* sie Veränderungen des Gesundheitszustands und der Überlebenswahrscheinlichkeit monetarisiert und dazu „repräsentative" Zahlungsbereitschaften heranzieht, die Heterogenität in den Präferenzen der betroffenen Bevölkerung verschleiert. *Pauly* (1995, S.106ff.) diskutiert ausführlich die ethische Relevanz dieser Heterogenität. Seine Überlegungen haben allenfalls im Rahmen einer paternalistischen Sichtweise Bedeutung, bei der „der Staat" Gesundheitsleistungen „gewährt". Aber auch in diesem Fall ist das Scitovsky-Kriterium bei einem positiven Nettonutzen nur dann erfüllt, wenn dieser mit Hilfe der Zahlungsbereitschaften derjenigen Personen ermittelt wird, die die Leistungen tatsächlich empfangen, und nicht etwa mit den Zahlungsbereitschaften des Durchschnitts der Gesamtbevölkerung.

Dazu kommt die Fragwürdigkeit des paternalistischen Versorgungs-Paradigmas: Zum einen ist die darin gegebenenfalls enthaltene „starke Rationierung" (*Breyer/Kliemt* 1994), bei der jeglicher privater Zukauf von Gesundheitsleistungen untersagt ist, wohlfahrtsökonomisch angreifbar; zum anderen ist es zweifelhaft, ob ein solches Verbot in der Praxis in einer Welt offener Grenzen Bestand haben kann. Sieht man demgegenüber gesundheitliche Versorgung - nicht unbedingt jede einzelne Leistung, aber das Ge-

---

14 Wir sehen hier der Einfachheit halber von der Zahlungsbereitschaft *anderer* für das Leben und die Gesundheit des betrachteten Patienten ab.

samtpaket - als etwas an, das jeder einzelne am Markt bezieht, so wird es dem einzelnen Nachfrager bei der rationalen Auswahl eines geeigneten Versorgungspakets nicht darauf ankommen, ob die darin enthaltenen Leistungen einen Kosten-Nutzen-Test auf der Basis repräsentativer Zahlungsbereitschaften bestanden hat.

Die Kosten-Nutzen-Analyse schneidet also selbst im Rahmen eines Managed-Care-Ansatzes schlechter ab als die Kosten-Nutzwert-Analyse, da sie bei der Bestimmung der Zahlungsbereitschaft auf beiden Ebenen, auf denen Präferenzen heterogen sein können, nämlich bei der Bewertung des Gesundheitsstatus und bei der Bestimmung des Niveaus der Gesundheitsausgaben, die Bewertungen über alle Individuen 'repräsentativ' aggregiert. Bei einer Bestimmung der Zahlungsbereitschaft für verschiedene Leistungspakete, deren Kosten-Nutzwert-Relationen ausgewiesen sind, verbleibt die Bestimmung des Niveaus der Gesundheitsausgaben dem Individuum.

4 *Schlußfolgerungen*

Die ökonomische Beurteilung der Verbesserung der Informationsgrundlagen im Gesundheitswesen durch ökonomische Evaluationsstudien ist ein komplexes Unterfangen. Unterschiedliche Evaluationsverfahren, ausgeführt in unterschiedlicher Qualität und nur verfügbar für ausgewählte Entscheidungsalternativen, beeinflussen Allokations-, Regulierungs- und Entwicklungsentscheidungen im Gesundheitssystem. Zur Beurteilung der Effizienzwirkungen können wohlfahrtstheoretische Konzepte herangezogen werden, wobei nur unter restriktiven Annahmen Verteilungswirkungen vernachlässigt werden können.

Einer detaillierteren Analyse wurden die Effizienzwirkungen einer Informationsverbesserung anhand der drei zentralen Evaluationsverfahren unterzogen. Die Anwendbarkeit der Ergebnisse von Evaluationsstudien hängt dabei sowohl aus normativer als auch aus positiver Sicht in entscheidendem Maß von der Gestaltung des Gesundheitssystems ab:

- Die *Kosten-Effektivität* alternativer Behandlungsarten sollte bereits auf der Ebene der Arzt-Patient-Beziehung beachtet werden. Ob dies tatsächlich der Fall ist, wird vom Vergütungssystem mit seinen Anreizen abhängen. Eine wohlfahrtsökonomische Beurteilung erfordert bereits auf dieser Ebene, wenn es zu Budgetveränderungen kommt, in jedem Fall aber bei Entscheidungen zwischen mehreren Nutznießern, den Einbezug von Kompensationskriterien und Verteilungsaspekten. Nicht übersehen werden darf bei diesem Bewertungsverfahren auch, daß die Beschränkung auf eine Effektkategorie zur Beurteilung der ganzen Intervention wohlfahrtstheoretisch nur dann akzeptabel ist, wenn alle anderen Wirkungen als vernachlässigungswürdig oder als gleich unter den untersuchten Alternativen angesehen werden können; andernfalls wäre ein anderes Evaluationsverfahren, das die weiteren Wirkungen mit erfaßt, zu wählen.
- Aus strikt individualistischer Sicht führt die *Kosten-Nutzwert-Analyse* nur dann zu interpretierbaren Ergebnissen, wenn die Präferenzen der Bevölkerung bezüglich der Bewertung verschiedener Gesundheitszustände vollkommen übereinstimmen oder wenn genau die Präferenzen derjenigen, die von der zu fällenden Entscheidung betroffen sind, zur Bewertung herangezogen werden. Ist dies der Fall, sind

aber andererseits die Präferenzen bezüglich des für ein QALY zu zahlenden Preises heterogen, so eignet sich der Indikator „Kosten je QALY" am ehesten zur Bestimmung der Leistungskataloge konkurrierender Versorgungssysteme. Werden Leistungskataloge jedoch für eine Pflichtversichertengemeinschaft einheitlich, also in einem paternalistischen Verfahren zusammengestellt, so müßte für eine wohlfahrtstheoretische Beurteilung zunächst die unterliegende Wohlfahrtsfunktion beschrieben und legitimiert werden.[15]

- Die *Kosten-Nutzen-Analyse* ist zwar das Instrument, das theoretisch am ehesten entscheidungsunterstützend wirken könnte. Andererseits ist es am stärksten von Heterogenität der Präferenzen betroffen, weil die Nutzengröße ein rein subjektives Kriterium darstellt, dessen wohlfahrtstheoretisch adäquate Erhebung und Einbindung in Entscheidungsprozesse auf erhebliche Schwierigkeit stößt.

Als Fazit läßt sich festhalten, daß ökonomische Evaluation im Gesundheitswesen in der Unterstützung von Allokationsentscheidungen wesentlich weniger normativ fundierte Anwendungen hat, als gemeinhin unterstellt wird.

Zugleich wurde deutlich, daß ein erhebliches indirektes Einwirkungspotential von ökonomischen Evaluationen bei Regulierungs- und Entwicklungsentscheidungen besteht. Der wohlfahrtssteigernde Beitrag der Informationsverbesserung liegt dann in einer Senkung der Transaktionskosten - nämlich der Informationskosten - im pluralistischen Gesundheitssystem. Eine operationale Bestimmung der Wohlfahrtseffekte einer solchen Informationsverbesserung kann als besonders schwierig gelten.[16] Dennoch gilt, daß Informationsverbesserungen nicht unbedingt über vorgegebene quantitative Algorithmen oder Entscheidungsmodelle in den Marktprozeß einfließen müssen. Wesentlich ist, daß sie überhaupt in den Marktprozeß eingehen und ihn damit verbessern können.

Selbst bei den Managed-Care Organisationen, die durch ihre Anreizstrukturen geradezu prädestiniert für einen Einsatz von ökonomischen Evaluationen wären, ließen sich in der Literatur keine Hinweise auf einen systematischen Gebrauch solcher Studien finden.[17] Zugleich weisen jüngste Untersuchungen auf die Bedeutung einer indirekten Wirkung der Evaluationsstudien: so verwendeten nach den Ergebnissen einer umfangreichen nationalen Befragung in den USA rund drei Viertel der Managed-Care Organisationen Behandlungsrichtlinien, und zwei Drittel Nutzungskontrollen (*Gold* u.a. 1995, S. 1682). Behandlungsrichtlinien aber wurden wiederum in den niederländischen Untersuchungen als Hauptwirkungskategorie der Evaluationsstudien herausgestellt, und öko-

---

15 Die am häufigsten genannte paternalistische Wohlfahrtsfunktion ist die Maximierung der QALYs in einer Bevölkerung.

16 In der Literatur finden sich einige Versuche zur Bewertung des Nutzens von Informationen: entscheidungstheoretische Modelle suchen den Sicherheitsgrad der zugrunde liegenden Informationen zu bewerten, andere Modelle verwenden Kriterien wie Kostenersparnis oder Zufriedenheit des Informationsnutzers, ein betrieblicher Ansatz setzte Zielerreichungsgrade mit unterschiedlichen Informationsniveaus bei der Entscheidungsfindung in Beziehung (*Huhndorf* u.a. 1990). Diese Ansätze bieten keine geeignete Grundlage zur Bestimmung des Informationswerts von ökonomischen Evaluationen; eine andere Herangehensweise zur Wertbestimmung wäre die Bestimmung der Zahlungsbereitschaft für Evaluationsstudien, etwa durch die pharmazeutische Industrie.

17 *Luce* u.a. 1995, S. 79 sprechen in der Zusammenfassung der Ergebnisse ihrer Befragung zur Nutzung von Technology Assessment Studien in den USA sogar davon, daß Health Maintenance Organisationen die Ökonomie ausschließen. Ein systematischer Gebrauch würde aufgrund der Probleme, vorhandene Studien auf den jeweils relevanten Entscheidungskontext umzurechnen, auch eine beträchtliche Aufgabe darstellen.

nomische Nutzungskontrollen mit Berücksichtigung der Versorgungsqualität benötigen indikationsspezifische Referenzwerte.

Die Wirkungsweise der ökonomischen Evaluation in pluralistisch organisierten Gesundheitssystemen kann daher viel weiter greifen, als es in unserer Untersuchung der direkten Beeinflussung von Allokationsentscheidungen aufgezeigt wurde.

Literatur

Andersson, Frederik, „Why is the Pharmaceutical Industry Investing Increasing Amounts in Health Economic Evaluations?“ *International Journal of Technology Assessment in Health Care* 11 (1995), S. 750-761.

Banta, David H./Luce, Bryan R., *Health Care Technology and its Assessment, An International Perspective,* Oxford u.a. 1993.

Banta, David H./Oortwijn, Wija J./Van Beekum, W.T., *The Organization of Health Care Technology Assessment in The Netherlands,* The Hague 1995.

Breyer, Friedrich/Kliemt, Hartmut, „Lebensverlängernde medizinische Leistungen als Clubgüter? Ein Beitrag zum Thema ‘Rationierung im Gesundheitswesen’,“ in K. Homann (Hrsg.*), Wirtschaftsethische Perspektiven I. Theorie, Ordnungsfragen, Internationale Institutionen*, Berlin 1994, S. 131-158.

Breyer, Friedrich/Zweifel, Peter, *Gesundheitsökonomie*, 2. Aufl., Berlin u.a. 1996.

Culyer, A. J./Luce, B.R./Elixhauser, A., „Socioeconomic Evaluations: an Executive Summary“, in B.R. Luce und A. Elixhauser (Hrsg.), *Standards for Socioeconomic Evaluation of Health care Products and Services*, Berlin u.a. 1990.

Eddy, D.M., „Oregon’s Methods: Did Cost-Effectiveness Analysis Fail?“, *Journal of the American Medical Association* 266 (1991), S. 2135-2141.

Gerard, K., „Cost-Utility in Practice: A Policy Maker’s Guide to the State of the Art“, *Health Policy* 21 (1992), S. 249-279.

Gold, Marsha R./Hurley, Robert/Lake, Timothy/Ensor, Todd/Berenson, Robert, „A National Survey of the Arrangements Managed-Care Plans Make with Physicians“, *The New England Journal of Medicine*, 333 (1995), S. 1678-1683.

Huhndorf, Ralph/Monsler, Dirk/Passinger, Henrik, „Nutzen von Informationen quantitativ bewerten“, *Management Zeitschrift* 59 (1990), Teil 1: S.43-45; Teil 2: S. 67-70.

Johannesson, M., „Economic Evaluation of Health Care and Policymaking“, *Health Policy* 33 (1995), S. 179-190.

John, Jürgen/Hofmann, Uwe/Nagl, Hannelore/Schneider, Markus, *Ökonomische Evaluation von Gesundheitsleistungen in Deutschland - eine Bestandsaufnahme.* Schriftenreihe zum Programm der Bundesregierung Gesundheitsforschung 2000, Band 30, Bonn 1996.

Kaplan, Robert M., „Utility Assessment for Estimating Quality-Adjusted Life-Years“, in: Frank A. Sloan (Ed.), *Valuing Health Care. Costs, Benefits, and Effectiveness of Pharmaceutical and other Medical Technologies*, Cambridge 1995, S. 31-60.

Kirchberger, Stefan, „Health Care Technology in the Federal Republic of Germany“, *Health Policy* 30 (1994), S. 163-205.

Krämer, Walter, *Wir kurieren uns zu Tode. Die Zukunft der modernen Medizin,* Frankfurt/New York 1995.

Leidl, Reiner, „Standardisierung und Flexibilisierung ökonomischer Evaluationsstudien“, in: Trampisch, Hans-Joachim/Lange, Stefan (Hrsg.), *Medizinische Forschung - Ärztliches Handeln*; 40. Jahrestagung der GMDS, München 1995, S. 285-289.

Leidl, Reiner/Ament, André/Baltussen, Rob, „Kosten-Effektivitätsanalyse und Lebensalter“, in: Oberender, Peter (Hrsg.), *Alter und Gesundheit,* Gesundheitsökonomische Beiträge, Baden-Baden 1996, S. 197-220.

Loewy, E.H., „Cost Should not be a Factor in Medical Care“, *New England Journal of Medicine* 302 (1991), S. 697.

Luce, Bryan/Brown, Ruth, E., „The Use of Technology Assessment by Hospitals, Health Maintenance Organizations, and Third-Party Payers in the United States“, *International Journal of Technology Assessment in Health Care* 11 (1995), S. 79-92.

Nagel, E./Niechzial, M./Obermann, K./Henke, K.-D./Greiner, W./Pichlmayer, R., „Ökonomische Aspekte der Transplantationschirurgie“, in: Neugebauer E./Troidl H. (Hrsg.), *Effektivität und Ökonomie chirurgischen Handelns*, Stuttgart 1994, S. 135-139.

Oortwijn, Wija J./Ament, Andrè J.H./Vondeling, Hindrik, „Use of Societal Criteria in Evaluation of Medical Technology Assessment Research Proposals in the Netherlands: Development and Testing of a Checklist“, *Zeitschrift für Gesundheitswissenschaften* 4 (1996), S. 5-19.

Pauly, Mark V., „Valuing Health Care Benefits in Money Terms“, in: Frank A. Sloan (Ed.), *Valuing Health Care. Costs, Benefits, and Effectiveness of Pharmaceutical and other Medical Technologies*, Cambridge 1995, S. 99-124.

Rutten, Frans, „Economic Evaluation and Health Care Decision-Making“, *Health Policy* 36 (1996), S. 215-229.

Sloan, Frank A./Conover, Cristopher J., „The Use of Cost-Effectiveness/Cost-Benefit Analysis in Actual Decision Making: Current Status and Prospects“, in: Frank A. Sloan (Ed.), *Valuing Health Care. Costs, Benefits, and Effectiveness of Pharmaceutical and other Medical Technologies*, Cambridge 1995, S. 207-232.

Tengs, Tammy O., „An Evaluation of Oregon's Medicaid Rationing Algorithms“, *Health Economics* 5 (1996), S. 171-181.

Tolley, George/Kenkel, Donald/Fabian, Robert, *Valuing Health for Policy. An Economic Approach.* Chicago 1994.

Zerbe, Richard O./Dively, Dwight D., *Benefit-Cost Analysis in Theory and Practise,* New York 1994.

Zusammenfassung

Da im Gesundheitswesen keine vollkommenen Märkte existieren, scheint es hier einen besonderen Bedarf an der systematischen ökonomischen Evaluation von medizinischen Maßnahmen zu geben. Dagegen stellt man fest, daß in Deutschland vergleichsweise wenige derartige Studien durchgeführt wurden, deren Ergebnisse noch seltener entscheidungsrelevant wurden. Diese scheinbar widersprüchlichen Beobachtungen werfen die Frage auf, ob es überhaupt gesellschaftlich wünschenswert ist, medizinische Verfahren ökonomisch zu evaluieren, und, wenn ja, auf welcher Ebene der Entscheidungsfindung die Ergebnisse berücksichtigt werden sollten.

Dazu wird zunächst eine systematische Klassifikation von Entscheidungen gegeben, die durch ökonomische Evaluation unterstützt werden könnten, und als wohlfahrtsökonomisches Fundament der Evaluation werden das Pareto-Kriterium und das Kompensationskriterium nach Scitovsky herausgearbeitet. Anschließend werden die drei gängigsten Verfahren der Evaluation, die Kosten-Effektivitäts-Analyse, die Kosten-Nutzwert-Analyse und die Kosten-Nutzen-Analyse, darauf untersucht, bei welchen Klassen von Entscheidungen die Anwendung ihrer jeweiligen Ergebnisse wohlfahrtstheoretisch begründet ist.

Es zeigt sich, daß ökonomische Evaluation im Gesundheitswesen in der Unterstützung von Allokationsentscheidungen wesentlich weniger normativ fundierte Anwendungen hat, als gemeinhin unterstellt wird. Diese sind lediglich bei Kosten-Effektivitäts-Analysen relativ unproblematisch, deren Anwendung in der Entscheidungsunterstützung jedoch aus wohlfahrtstheoretischer Sicht häufig Kompensationsüberlegungen erforderlich machen dürfte. Bei den beiden übrigen Verfahren krankt ihre Anwendung am ungelösten Problem der Heterogenität der Präferenzen bei der relativen Bewertung verschiedener Gesundheitszustände sowie bei der Bereitschaft, für ein QALY zu bezahlen. Sind die Präferenzen in der erstgenannten Hinsicht weitgehend homogen, so eignet sich der aus der Kosten-Nutzwert-Analyse gewonnene Indikator „Kosten je QALY" am ehesten zur Bestimmung der Leistungskataloge konkurrierender integrierter Versorgungssysteme.

Summary

As there are no perfect markets in health care, there seems to be a special need for the systematic economic evaluation of medical interventions. Empirically, however, comparatively few evaluation studies can be found in Germany, and even fewer results of these studies have become relevant for decision making. This contrasting evidence leads to the questions of whether, from a societal standpoint, the economic evaluation of medical interventions is desirable at all and, if so, at which level of decision-making evaluation results should be integrated.

First, this paper presents a systematic classification of decisions that can be supported by economic evaluation studies. It also describes the welfare-theoretical basis of economic evaluation, referring to the Pareto-criterion as well as to the compensation criterion by Scitovsky. Subsequentially, three common evaluation methods are dealt with: cost-effectiveness-analysis, cost-utility-analysis, and cost-benefit analysis. For the results of each method, it is investigated which type of decisions can be supported on welfare-theoretical grounds.

The paper concludes that the use of economic evaluation studies to support allocation decisions in health care has less a normative basis than is commonly assumed. Only for cost-effectiveness-analysis, this normative basis causes relatively few problems. From a welfare-theoretical perspective, the use of such results in decision making will, however, often require the consideration of compensation criteria. The two other methods suffer from the unsolved problem of processing heterogeneous preferences of individuals both in the valuation of health states and in the willingness to pay for a QALY. If preferences concerning the first are quite homogeneous, the indicator "cost per QALY" which can be derived by cost-utility-analysis may be useful in the determination of the service packages covered by competing HMOs.

Koreferat zu "Wozu dient Evaluation im Gesundheitswesen?

Stefan Felder, Universität Zürich

1 Gesundheitswesen, Staatseingriffe und Evaluation

In kaum einem anderen Wirtschaftssektor - mit Ausnahme vielleicht der Bildung - sind Umfang und Dichte der Staatseingriffe so groß wie im Gesundheitswesen. Trotzdem besteht, wie *Breyer* und *Leidl* feststellen, ein geringes Interesse an der Erarbeitung und Verwendung von ökonomischen Evaluationsstudien über medizinische Leistungen. Die Autoren weisen einleitend darauf hin, daß man diesen scheinbaren Widerspruch mit den Methoden der politischen Ökonomie angehen könnte. Sie verzichten jedoch darauf und beschäftigen sich mit der normativen Frage, ob es gesellschaftlich überhaupt erwünscht sei, medizinische Verfahren ökonomisch zu bewerten.

Die Antwort der Autoren ist ein weitgehendes Nein. Sie begründen dies mit dem Hinweis auf die Heterogenität in den Präferenzen der betroffenen Bevölkerung. Wenn immer es den Nutzen einer medizinischen Leistung zu beurteilen gilt, stellt sich das Problem, wessen Präferenzen berücksichtigt werden sollen. Nach *Breyer* und *Leidl* ist die durchschnittliche Zahlungsbereitschaft der Bevölkerung kein relevantes Wohlfahrtskriterium zur Beurteilung einer medizinischen Leistung. Wohlfahrtstheoretisch relevant sei einzig die Zahlungsbereitschaft derjenigen Personen, die die Leistung beanspruchen. Keine methodischen Probleme ergeben sich hingegen bei der Kosten-Effektivitäts-Analyse. In diesem Fall ist die Wirkung von alternativen Maßnahmen eindimensional, so daß bei deren Vergleich Präferenzen keine Rolle spielen. Der Einsatz der Kosten-Effektivitäts-Analyse bietet sich v.a. auf der Arzt-Patienten-Ebene an. Da aber auf dieser Ebene die Anreizstrukturen in der Regel schwach ausgebildet sind, besteht auch hier wenig Aussicht auf einen vermehrten Einsatz von ökonomischen Bewertungsmethoden.

Breyer und *Leidl* kommen bei ihren normativen Überlegungen - soweit sie sich auf Kosten-Nutzwert- und Kosten-Nutzen-Analyse beziehen - zu einem Ergebnis, das sich mit dem empirischen Befund deckt. Eine ökonomische Bewertung von medizinischen Leistungen ist in vielen Fällen aus methodischen Gründen nicht sinnvoll. Dies dürfte nicht zuletzt ein Grund dafür sein, weshalb die ökonomische Evaluation im Gesundheitswesen so wenig verbreitet ist.

Andererseits besteht aber, wie gesagt, eine hohe Staatsquote im Gesundheitswesen. Auch wenn die öffentlichen Mittel, die im Gesundheitswesen eingesetzt werden, beträchtlich sind, heißt dies natürlich nicht, daß keine Knappheit herrscht. Gerade im Zusammenhang mit den aktuellen Kürzungen staatlicher Subventionen ist die Knappheit der Mittel im medizinischen Bereich offensichtlich. Knappe Ressourcen bedeuten aber, daß irgendwie rationiert wird, mithin medizinische Leistungen nicht erbracht werden, weil das dafür nötige Geld fehlt. In dieser Situation ist es meiner Ansicht nach dringend, daß Ökonomen Vorschläge machen, nach welchen Kriterien die Zuteilung von medizinischen Leistungen erfolgen sollte. Eine Möglichkeit ist die Rationierung nach dem Preis über eine Einführung von proportionalen Selbstbehalten auf den Kauf von medizinischen Leistungen. Eine solche Lösung läßt sich aus normativer Sicht rechtfertigen. Bei der Umsetzung dieser Lösung bietet sich zudem die von *Breyer* und *Leidl* besprochenen ökonomischen Bewertungsmethoden an.

2 *Ursachen der hohen Regulierungsdichte und Konsequenzen*

Für die hohe Regelungsdichte im Gesundheitsbereich dürfte, neben polit-ökonomischen Gründen, auch Marktversagen verantwortlich sein. Mit der Versicherungsdeckung ist ein moralisches Risiko verbunden, das zu einer überhöhten Nachfrage nach medizinischen Leistungen führt. Das Marktversagen in der Krankenversicherung bietet eine normative Begründung für den Einsatz von Kosten-Nutzen-Analysen im Gesundheitswesen. Mit Hilfe ökonomischer Evaluation könnte die Höhe von Selbstbehalten für einzelne medizinische Leistungen bestimmt werden. Etwa nach der Regel: Hohe Selbstbehalte auf medizinische Leistungen deren Kosten-Nutzen-Verhältnis ungünstig ist, niedrige Selbstbehalte auf Leistungen mit einem günstigen Kosten-Nutzen-Verhältnis.

Das Problem der Heterogenität der Präferenzen wäre in diesem Fall entschärft, wie ein Vergleich mit dem Umweltbereich zeigt. Bei der Festlegung von umwelttechnischen Standards ist es nicht üblich, individuelle Präferenzen speziell zu berücksichtigen. Vielmehr wird auf eine durchschnittliche Zahlungsbereitschaft abgestellt. In analoger Weise könnte sich der Staat bei der Korrektur des Marktversagens im Gesundheitswesen nach der durchschnittlichen Zahlungsbereitschaft richten.

3 *Vergleich von Evaluationsmaßnahmen*

Beim Vergleich von Maßnahmen mit unterschiedlicher Kosten-Effektivitäts-Relation sprechen *Breyer* und *Leidl* etwas an, was noch deutlicher gemacht werden könnte. Entscheidungen auf der Grundlage von Verhältnissen, zumindest für den Fall, wo kein fester Budgetrahmen vorgegeben ist, können falsch sein. Die ökonomische Entscheidungsmaxime orientiert sich am Verhältnis zwischen Grenznutzen (bzw. Grenzeffektivität) und Grenzkosten einer Maßnahme. Solange der Grenznutzen höher als die Grenzkosten sind, sollte man sich für die Durchführung einer Maßnahme auch dann entschließen, wenn die Effektivitäts-Kosten-Relation im Vergleich zu anderen Maßnahmen ungünstig ist[1].

Bei der Besprechung der QALYs könnten die Autoren noch expliziter auf deren wohlfahrtstheoretische Schwächen eingehen. Die Annahmen, die für eine Nutzenfunktion getroffen werden müssen, damit QALYs individuelle Präferenzen widerspiegeln, sind sehr restriktiv und dürften in der Realität oft nicht erfüllt sein. Dadurch entsteht das Problem, daß eine gesellschaftliche Wohlfahrtsfunktion, die individuelle Präferenzen re-

---

1 Zur Illustration: Seien $C(d)$ und $E(d)$ die Kosten und Wirkung in Abhängigkeit der Dosis d. Die Kosten-Effektivitäts-Relation, $V(d) = C(d)/E(d)$, kann bei einer Erhöhung der Dosis abnehmen, auch wenn $E'(d) \geq C'(d)$. Dies erkennt man durch Ableitung von $V(d)$ nach d: $V' = (C'E - E'C)/E^2$. Für $E'(d) = C'(d)$ nimmt das Verhältnis ab ($V' < 0$), falls $C > E$. Man beachte jedoch, dass für den Fall eines konstanten Wirkungs-Dosen-Verhältnisses, wie ihn *Breyer* und *Leidl* unterstellen, Entscheidungen nach der Kosten-Effektivitäts-Relation immer richtig sind.

flektiert, medizinische Leistungen nicht zwangsläufig gleich ordnet wie eine Kosten-Nutzwert-Analyse auf der Grundlage von QALYs.

Als Vorteil der Kosten-Nutzen-Analyse könnte weiter ergänzt werden, daß nur sie Aussagen darüber zuläßt, ob mehr oder weniger Ressourcen in einen Sektor fließen sollen oder nicht. Die Kosten-Nutzwert-Analyse eignet sich für den Fall, wo das Budget fest vorgegeben ist. Ist das Budget ebenfalls Gegenstand der Entscheidung, dann bleibt nur die Kosten-Nutzen-Analyse als ökonomisches Bewertungsinstrument übrig.

4 Verteilungseffekte

Es gibt im Beitrag von *Breyer* und *Leidl* viele Hinweise darauf, daß Verteilungseffekte bei Entscheidungen im Gesundheitsbereich berücksichtigt werden sollten. Diese Hinweise sind meines Erachtens angesichts der Bedeutung der Verteilungsfrage im Gesundheitswesen zu allgemein gehalten. Man möchte konkreter wissen, auf welche Weise Verteilungsgesichtspunkte berücksichtigt werden können. In diesem Zusammenhang sei auf den Vorschlag von *Wagstaff* (1991) verwiesen, mit Hilfe von QALYs die Effizienz- und Verteilungsfrage simultan anzugehen. *Johannesson* und *Gerdtham* (1996) haben diesen Ansatz in einem Experiment umgesetzt. In Befragungen versuchten sie beispielsweise zu ermitteln, wie Personen einen Anstieg von 9 auf 10 QALYs gegenüber einem Anstieg von 10 auf 11 QALYs bewerten. Unter dem Schleier der Ungewißheit festgelegte Regeln könnten hilfreich für die Lösung des Zielkonflikts zwischen Effizienz und Verteilung sein.

Auf einer mehr allgemeinen Ebene gilt, daß Verteilungseffekte nicht notwendigerweise bei jeder staatlichen Entscheidung berücksichtigt werden müssen. Der Staat beinflusst über eine Reihe von Maßnahmen das Einkommen der Bürger. Die Verteilungseffekte von staatlichen Programmen sind mitunter einander entgegengesetzt, so daß sie sich teilweise neutralisieren. Es könnte deshalb genügen, wenn der Staat sich auf eine Totalschau beschränkt, und das Verteilungsproblem in erster Linie über die Einkommensteuer löst.

Literaturverzeichnis

Wagstaff, Adam, QALYs and the equity-efficiency trade-off, *Journal of Health Economics* 10 (1991), S. 21-41.

Johannesson, Magnus and Ulf-G. Gerdtham, A note on the equity-efficiency trade-off for QALYs, *Journal of Health Economics* 15 (1996), S. 359-368.

Peter Oberender (Hrsg.)

Alter und Gesundheit

Die ökonomischen Konsequenzen des immer höheren Anteils älterer Menschen für die Gesundheitsversorgung der Industriegesellschaften standen im Mittelpunkt der VII. Jahrestagung des Gesundheitsökonomischen Ausschusses in der Gesellschaft für Wirtschafts- und Sozialwissenschaften (Verein für Socialpolitik). Der Band enthält die Referate dieser Tagung.
Ausgehend von einer Betrachtung des Stellenwertes von Gesundheit im Alter und der daraus resultierenden Nachfrage nach medizinischen Leistungen werden ökonomische Aspekte der Rationierung von Gesundheitsleistungen auf der Grundlage des Kriteriums Alter und mögliche Auswirkungen auf das Gesundheitssystem theoretisch und empirisch untersucht.
Dabei wird den versicherungstheoretischen und -politischen Aspekten der Thematik breiter Raum gewidmet.
Beiträge zu Spezialproblemen der Gesundheitsversorgung älterer Menschen runden den Band ab, der sich an alle richtet, die an dieser zukünftigen gesundheitspolitischen und -ökonomischen Aufgabe interessiert sind.
Die Zusammenfassungen sind in englischer Sprache gehalten.

1997, 257 S., brosch., 89,– DM, 650,– öS, 81,– sFr, ISBN 3-7890-4555-1
(Gesundheitsökonomische Beiträge, Bd. 26)

NOMOS Verlagsgesellschaft
76520 Baden-Baden

Peter Oberender (Hrsg.)

Möglichkeiten und Grenzen der ökonomischen Evaluation im Gesundheitswesen

Der steigende Ausgabendruck im Gesundheitswesen macht eine intensive Auseinandersetzung mit den ökonomischen Implikationen der erbrachten Gesundheitsleistungen unumgänglich. Die ökonomische Evaluationsforschung bietet deshalb ein vielversprechendes Instrumentarium an. Zugleich liegen jedoch in einer unkritischen Übernahme ihrer Methodik und der Interpretation ihrer Ergebnisse zahlreiche Gefahren.

In diesem Sammelband werden die Grundlagen der ökonomischen Evaluation vorgestellt und diskutiert und deren Instrumentarium für das Krankenhaus, die ambulante Versorgung und die Arzneimittelversorgung weiterentwickelt. Der Band enthält die Beiträge der 1. Tagung der Arbeitsgruppe »Ökonomische Evaluation im Gesundheitswesen«. Zielsetzung der Arbeitsgruppe ist es, Vertreter dieser in Deutschland noch relativ jungen Forschungsrichtung mit Entscheidungsträgern des Gesundheitswesens zusammenzubringen, um vor allem eine stärker praxisbezogene Weiterentwicklung des Instrumentariums der ökonomischen Evaluation von Gesundheitsleistungen zu fördern.

1996, 93 S., brosch., 38,– DM, 277,– öS, 35,50 sFr, ISBN 3-7890-4497-0
(Gesundheitsökonomische Beiträge, Bd. 25)

**NOMOS Verlagsgesellschaft
76520 Baden-Baden**